플루타르코스가 들려주는
그리스·로마 영웅

플루타르코스가 들려주는
그리스·로마 영웅

플루타르코스 지음 | 서지원 엮음 | 박정인 그림

열다

플루타르코스는 누구인가?

플루타르코스는 고대 그리스·로마 시대의 철학자이자 작가입니다. 정확한 출생 시기는 모르나 46년쯤에 태어나 120년쯤에 세상을 떠났을 거라고 추정해요. 그는 그리스 보이오티아 북쪽에 있는 카이로네이아의 작은 마을에서 태어났습니다. 이곳은 전쟁이 자주 일어나는 지역이었고 역사 전환의 계기가 된 사건의 현장이었죠. 특히 마케도니아의 알렉산드로스가 그리스 연합군을 무찌름으로써 고대 그리스의 막을 내리게 했던 곳이기도 해요.

이렇듯 역사적인 곳에서 자란 플루타르코스는 집안이 부유해서 공부를 많이 할 수 있었어요. 아테네로 유학을 떠나 10여 년 동안 철학·수학·수사학 등을 공부했고, 그 뒤 로마를 비롯해 많은 도시를 여행하며 견문을 넓혔지요. 그는 이집트의 알렉산드리아를 방문한 적도 있다고 해요.

그리스 본토 여러 곳에서 머물렀던 플루타르코스는 앞서가는 문화인으로서 명성이 높았고 상류층 사이에서 인기가 많았다고 해요. 또한 조국 그리스를 정복한 로마에서조차 교양인들 사이에서 많은 지지와 관심을 받았다고 합니다. 로마는 번영했을 때에도 그리스의 그늘에 가려져 그리스를 숭배하고 모방하는 동시에 그 빛을 질투했는데, 플루타르코스는 로마의 위대함을 일찍부터 인정하고 있었거든요.

　세계사 가운데 그리스·로마 시대만큼 주목 받는 시대가 없지요. 그것은 인간이 그리스·로마 고전으로 눈을 뜨기 시작했을 때 근세의 엄청난 역사가 시작된 사실로도 알 수 있어요. 세상은 르네상스라는 창을 통해 새롭게 열렸어요. 사람들은 그리스·로마 고전 속에서 예술, 문학, 사상의 새로운 숨결을 느끼며 인간을 재발견하고 인간성을 회복했지요. 지금도 우리는 그리스·로마 시대의 역사를 살펴보며 빛나는 고전의 가치에 대해 생각하지요.

　플루타르코스는 그의 대표작인 《영웅전》에서 그리스인과 로마인의 생애를 함께 기록했어요. 파란만장한 생애를 통해 영웅들의 성격과 도덕적 견해를 대비하여 묘사함으로써 정의와 불의, 선과 악, 진리와 거짓, 사랑과 미움 등 모든 인간사를 자세하게 다루었어요. 조금의 과장도 없고 감정에 치닫지도 않으며 오로지 드넓은 평야를 조용하게 흘러가는 강물처럼 표현하고 있지요.

　그 외에도 플루타르코스는 《윤리론집》이라고 하는 수필집도 지었습니다.

차례

플루타르코스는 누구인가? • 4

❶ 괴물을 물리친 아테네의 왕 테세우스 • 8

❷ 로마를 세운 위대한 왕 로물루스 • 32

❸ 동서양의 문명을 통합한
세계의 정복자 알렉산드로스 • 54

❹ 로마를 위대하게 만든 카이사르 • 80

❺ 아테네의 민주주의를 지켜 낸
　지도자 페리클레스 • 104

❻ 로마를 개혁한
　용감한 정치가 그라쿠스 형제 • 126

이 시대의 진정한 영웅을 기다리며 • 152

1
괴물을 물리친 아테네의 왕
테세우스

미리 만나 보기
테세우스는 어떤 인물일까?

- **시대** 고대 그리스의 아테네
- **직업** 아테네 왕자

테세우스는 아테네의 왕인 아이게우스의 아들이야. 어머니 밑에서 자라다가 청년이 되어서야 아테네로 가게 되었다고 알려져 있어.

사실 테세우스가 실존했던 인물인지, 아니면 신화 속의 인물인지는 알 수 없어. 하지만 분명한 것은 그가 살았던 때, 아테네의 사정이 좋지 않았다는 거야. 주변 나라 곳곳에서는 도적 떼가 생겨나 사람들을 괴롭혔고, 아테네 사람들은 더 강한 나라에 재물을 바쳐야 했지. 바로 그럴 때 테세우스가 나타나 영웅처럼 백성들을 구해 준 거야.

기록에 따르면 테세우스는 아테네의 중앙 집권화를 이룩한 왕이었다고 해. 이전까지만 하더라도 아테네의 왕은 힘이 없는 허수아비에 불과했지. 하지만 수많은 모험을 통해 힘을 기른 테세우스는 귀족들을 꼼짝 못 하게 만들고 왕권을 강화시켰대. 또한 시민들이 평등하게 살 수 있도록 노력하였으며 아테네를 강력한 국가로 발전시키는 데 큰 기여를 했지.

그럼 이제부터 그리스의 영웅 테세우스에 대한 이야기를 한번 들어 볼래? 테세우스의 이야기는 그의 아버지 아이게우스왕부터 시작돼.

아테네를 다스리는 아이게우스왕에게는 오래도록 자식이 없었어. 아들을 간절히 원했던 아이게우스왕은 멀리까지 있는 신전을 찾아가서 기도했어. 그러자 어디선가 낯선 목소리가 들려왔지.

아이게우스여, 큰 나라를 다스리는 왕이여.
아테네로 돌아가기 전엔 포도주 부대의 끈을 풀지 마라.

신이 아이게우스왕의 기도에 답한 거야. 하지만 아이게우스왕은 신의 말이 무슨 뜻인지 알 수가 없었어.
"포도주 부대의 끈을 풀지 말라니, 무슨 말이지?"
그때 피테우스라는 신하가 아이게우스왕에게 말했어.
"폐하, 너무 깊이 고민하지 말고 어서 주무시옵소서."
그러면서 피테우스는 자신의 딸인 아이트라에게 일렀지.
"폐하가 편히 쉬실 수 있도록 포도주를 한 잔 갖다 드려라."
그날 밤 아이게우스왕은 포도주를 가져온 피테우스의 딸 아

이트라를 보고 첫눈에 반해 버렸어. 그래, 아이게우스왕은 포도주 부대의 끈을 풀지 말라는 예언을 어긴 거야.

어느덧 아이게우스왕이 왕궁으로 돌아가야 할 때가 왔어. 하지만 자신의 아이를 가진 아이트라를 데려갈 수는 없었지. 아테네에는 팔란티데라는 신하가 있었는데, 그자는 호시탐탐 왕의 목숨을 노리고 있어 자칫하다간 아이트라와 배 속의 아이까지 위험해질 수도 있었거든.

아이게우스왕은 길 앞에 있는 커다란 돌 밑에 칼 한 자루와 신발 한 켤레를 숨겨 놓았어.

"아이트라, 만약 아이가 태어나거든 열여덟 살이 될 때까지 이곳에서 자라도록 하라. 그리고 이름은 테세우스라고 지어라. 아이가 열여덟 살이 되거든 이 신발을 신고 이 칼을 차고 내게 오도록 하라."

아이게우스왕이 아테네 왕궁으로 떠나고 열 달 뒤 아이트라는 건강한 아들을 낳았어. 아이트라는 아들의 이름을 테세우스로 짓고 금이야 옥이야 키웠지.

세월이 흘러 열여덟 살이 된 테세우스는 아버지인 아이게우스왕을 쏙 빼닮아 아주 잘생기고 늠름한 청년이 되었어.

"테세우스, 곧 열여덟 번째 생일이 다가오는구나. 이제 너에게 아버지에 대한 이야기를 해 줄 때가 온 것 같다. 사실 네 아버지는 아테네의 왕이란다."

"네? 그게 무슨 말씀이세요?"

아이트라의 설명을 들은 테세우스는 냉큼 돌이 있는 곳으로 달려갔어. 힘이 장사였던 테세우스는 커다란 돌을 단번에 들어 올렸지. 아니나 다를까, 돌덩이 밑에는 칼 한 자루와 신발 한 켤레가 놓여 있었어.

"어머니, 당장 아버지를 만나러 가겠어요!"

"그래, 이런 날을 위해 뱃삯을 준비해 두었단다. 배를 타고 가면 금방 아테네에 도착할 수 있을 거야."

하지만 테세우스는 빠르고 편한 뱃길 대신 육로를 통해 가고 싶다고 말했어.

"육지로 가는 건 안 돼. 가는 길마다 도적들이 우글거리고 수상한 사람들이 너를 위험에 빠트리려고 할 거야."

아이트라가 말렸지만 테세우스는 고개를 가로저었어.

"아뇨, 저는 걸어서 갈 거예요. 아버지께 제가 이만큼 씩씩하게 자랐다는 걸 보여 드리겠어요!"

테세우스는 끝까지 고집을 꺾지 않았지. 테세우스는 수많은 도적을 물리치고 악당을 붙잡은 헤라클레스처럼 위대한 영웅이 되고 싶었거든. 결국 테세우스는 육지로 길을 떠났단다.

아테네를 향해 얼마나 걸어갔을까? 어느새 사방이 어둑해지고, 날이 저물고 있었어. 테세우스는 허름한 여관에서 하룻밤을 머물게 되었지. 그런데 테세우스가 들어간 여관이 페리페테스라는 강도의 것이었지 뭐야? 그는 엄청나게 무거운 곤봉을 마음대로 휘두를 정도로 힘이 셌어.

획획! 페리페테스가 곤봉을 휘두르며 말했어.

"이 녀석, 보아하니 부잣집 도련님 같구나! 당장 가진 걸 전부 내놓아라. 그러면 목숨만은 살려 주지!"

페리페테스의 위협에도 테세우스는 전혀 겁먹지 않았어. 오히려 페리페테스가 휘두르는 곤봉을 양손으로 붙잡더니 있는 힘껏 빼앗아 버렸지.

곤봉이 획 날아가자 놀란 페리페테스가 곤봉을 다시 주우려고 할 때였어. 테세우스는 페리페테스의 몸을 번쩍 들어서 곤봉보다 멀리 던졌어. 어찌나 멀리 던져 버렸는지 그 모습이 보이지도 않을 지경이었지.

"와, 페리페테스가 사라졌다!"

"이제 우리 마을에도 평화가 찾아오겠어!"

사람들은 기뻐 어쩔 줄 몰랐어. 사람들은 테세우스의 이름을 부르며 환호했지. 테세우스는 페리페테스의 곤봉을 성큼 집어 들었어.

"이건 이제부터 내가 가지고 다녀야겠다."

이때부터 테세우스는 헤라클레스가 자신이 잡은 사자 가죽을 뒤집어쓰고 다녔던 것처럼 페리페테스의 곤봉을 들고 다녔단다.

그렇게 얼마나 시간이 흘렀을까? 커다란 곤봉을 들고 다니는 영웅이 나타났다는 소문이 삽시간에 퍼져 나갔지.

"어이, 잠깐 거기 서게."

누군가 길을 가던 테세우스를 멈춰 세웠어.

"무슨 일입니까?"

나무 뒤에서 나온 그는 여행자들의 돈을 빼앗는 시니스라는 악당이었지. 시니스에겐 아주 특별한 재주가 있었어. 소나무를 활처럼 구부러트릴 수 있었던 거야.

"자네, 나처럼 이렇게 소나무를 구부릴 수 있겠는가? 만약 똑같이 할 수 있다면 목숨만은 살려 주지. 하지만 하지 못한다면 가진 걸 모두 내놓아야 할 거야!"

"소나무를 구부리기만 하면 된다는 것이오?"

"그래, 부러트려선 안 돼."

테세우스는 시니스가 소나무를 구부릴 때 어떤 동작을 취했는지 자세히 봐 두었어. 그리고 그를 똑같이 따라 했지.

그러자 테세우스가 붙잡은 소나무가 활처럼 구부러졌어.

"마, 말도 안 돼! 이건 오로지 나만 할 수 있는 일인데!"

시니스는 화가 난 나머지 약속을 어기고 테세우스를 공격했어. 하지만 테세우스가 휘두른 곤봉에 획 나가떨어지고 말았지. 테세우스는 시니스의 몸을 소나무에 꽁꽁 묶어 버렸어.

"그동안 사람들을 이런 식으로 괴롭혔겠다! 너도 똑같이 당해 봐라."

"사, 살려 줘!"

테세우스는 시니스를 묶어 둔 채 가던 길을 갔어. 참, 시니스는 어떻게 됐느냐고? 구해 주는 사람이 아무도 없었던 탓에 그렇게 죽음을 맞이했다지. 그렇게 얼마나 갔을까. 테세우스는 크롬미온이라는 마을에 도착하게 되었어.

"이 마을에서 하룻밤 묵을 수 있을까요?"

"안 돼요. 이 마을엔 파이아라는 무시무시한 산돼지가 나타난답니다. 파이아는 외부인의 냄새를 기가 막히게 잘 맡아요!"

마을 사람들은 파이아가 나타나 낯선 사람을 공격할 거라며 얼른 도망치라고 말했어.

하지만 그 말에 물러날 테세우스가 아니었지. 테세우스는 곤봉을 움켜쥔 채 파이아가 나타나기만을 기다렸어. 해가 저물자 산에서 커다란 산돼지가 나타났어. 파이아는 코를 킁킁거리며 테세우스의 냄새를 쫓기 시작했지.  커다란 나무 뒤에 숨어 있던 테세우스는 파이아 앞에 떡하니 모습을 드러냈어.

"캬악!"

테세우스를 발견한 파이아가 엄청난 속도로 달려왔어. 테세우스는 곤봉을 휘둘러 파이아를 내리쳤지. 곤봉을 맞은 파이아는 한 방에 툭 나가떨어지고 말았어.

"테세우스 만세!"

"영웅 만세!"

그렇게 파이아를 물리친 테세우스는 사람들의 환호를 받으며 또다시 길을 떠났어. 이번에는 테세우스 앞에 스케이론이라는 악당이 나타났어. 그는 지나가는 여행자들을 붙잡은 다음 자기 발을 씻기게 하는 고약한 자였지.

"거기, 너! 당장 이리 와서 무릎을 꿇고 내 발을 씻겨라."

"냄새가 지독해서 싫은데?"

테세우스가 코웃음을 치며 비웃었어.

"뭐라고? 이 겁 없는 녀석이!"

스케이론이 테세우스를 공격하려 했어. 테세우스는 가볍게 그 공격을 피했지. 그리고 스케이론을 절벽 아래로 휙 밀어 버렸어. 스케이론은 비명을 지르며 까마득한 절벽 아래로 떨어져 버리고 말았지.

그날 밤, 테세우스는 어느 허름한 술집에서 하룻밤을 묵게 되었단다. 술집의 주인은 프로크루스테스라는 남자였어.

"피곤할 텐데 이 술을 쭉 들이켜시오. 그러면 아주 단잠을 자게 될 거라오."

테세우스는 프로크루스테스가 내민 술을 벌컥벌컥 들이켰어. 그러자 프로크루스테스가 음흉한 표정으로 히죽거렸지.

"자, 이 침대에서 주무시구려."

"정말 좋은 침대로군요!"

"그럼요, 이 침대는 내가 아주 아끼는 것이라오."

테세우스가 침대에 벌렁 드러누웠어. 그러자 거짓말처럼 잠이 쏟아지기 시작했어. 테세우스는 누가 업어 가도 모를 정도로 깊은 잠에 빠져들고 말았지.

"크크크, 네가 곤봉을 들고 다니면서 악당들을 물리친다는 테세우스라는 걸 모를 줄 알았지? 나는 네가 온다는 소식을 미리 알고 있었다."

프로크루스테스는 사람을 침대에 눕혀 놓은 다음 다리가 침대 길이보다 길면 그 길이만큼 잘라 죽이고, 다리가 침대 길이보다 짧으면 더 늘여 죽이는 악당이었어.

"어디 보자, 너는 침대 길이보다 훨씬 긴 다리를 가졌구나. 그럼 길이에 딱 맞추어 잘라 줘야지."

프로크루스테스가 날카로운 도끼를 꺼냈어. 테세우스의 다리를 자르려 했던 거야. 그 순간 테세우스가 번쩍 눈을 치켜떴어.

"어, 어떻게 깨어난 거지?"

"글쎄, 잠을 자려는데 어떤 악당이 날 부르는 소리가 들리더라고."

사실 테세우스는 프로크루스테스가 준 술을 마시지 않고 몰래 모두 뱉어 냈던 거야. 그 덕분에 프로크루스테스가 공격하려 한다는 걸 눈치챌 수 있었지. 테세우스는 곤봉을 휘두르며 프로크루스테스를 단숨에 해치워 버렸어.

드디어 무사히 아테네에 도착한 테세우스는 아버지를 만날 생각에 들떴어. 그런데 나라 분위기가 어쩐지 흉흉하고 음산하기 그지없는 거야.

"이보시오, 사람들의 표정이 어찌 이리 어두운 거요?"

테세우스가 묻자 길을 지나던 사람이 한숨을 내쉬었어.

"사실 아테네는 얼마 전까지만 하더라도 살기 좋고 행복한 나라였다오. 아이게우스왕 덕분이었지. 그런데 메데이아라는 마녀가 나타나서 아이게우스왕을 홀려 버렸지 뭐요."

"메데이아?"

"그렇소. 그 마녀는 왕의 정신을 흐리게 만들고 나랏일을 제멋대로 처리하고 있다오."

테세우스는 아버지가 위험하단 생각에 걸음을 서둘렀어. 그날 밤, 테세우스는 아이게우스왕이 사는 궁전에 도착하게 됐지.

"나는 테세우스라고 하오. 먼 길을 여행 중인데 하룻밤을 묵어 갈 수 있도록 허락해 주시오."

테세우스가 정중하게 부탁했어. 신하의 보고를 받은 아이게우스왕은 자리에서 벌떡 일어섰지.

"테세우스라면 곤봉을 들고 다닌다는 그 영웅이 아니던가! 안 그래도 꼭 한번 만나고 싶었는데 잘 됐구나!"

아이게우스왕은 테세우스에게 맛있는 음식을 내주라고 명했어.

"저는 폐하와 함께 저녁을 먹고 싶습니다."

테세우스가 말하자 아이게우스왕이 고개를 가로저었어.

"나는 입맛이 없구나. 먹고 싶은 건 무엇이든 좋으니 말만 해라. 다 준비해 주겠다."

"사실 저는……. 그나저나 폐하의 어머니는 존함이 어찌 되십니까?"

테세우스는 차마 아이게우스왕에게 자신의 정체를 얘기할 수 없었어. 부끄럽기도 하고 낯설기도 했던 거야. 그래서 일부러 이런저런 이야기를 둘러대다가 아이게우스왕이 그의 어머니 이름을 이야기하면 자신도 어머니인 아이트라의 이름을 말하려 했지.

바로 그때 메데이아가 나타났어. 테세우스를 본 메데이아는 그가 아이게우스왕의 아들이라는 사실을 단번에 눈치챘지.

"폐하, 먹을 것을 더 준비해 오겠습니다."

메데이아는 테세우스가 먹을 고기에다 얼른 독을 탔어. 그러고는 아무 일도 없었다는 듯 시치미를 뚝 떼고 테세우스에게 다가갔지.

"자, 드세요! 방금 구운 아주 맛있는 고기랍니다."

테세우스는 품에서 칼 한 자루를 꺼냈어. 그건 아이게우스왕이 테세우스에게 남긴 칼이었지. 테세우스는 그 칼로 천천히 고기를 썰었어.

"왜 고기를 썰기만 하고 드시진 않으세요. 얼른 드셔 보세요."

메데이아가 어서 고기를 먹으라며 눈치를 줬어. 순간 아이게우스왕은 테세우스가 쓰는 칼을 보게 됐지.

"잠깐, 그 칼은!"

"네, 맞습니다. 이 칼은 오래전 제 아버지가 바위 밑에 남기고 간 것입니다."

"오, 그렇다면 네가 바로 그 테세우스로구나!"

아이게우스왕은 기뻐 어쩔 줄 몰랐어.

왕은 사람들에게 자신의 아들이 나타났으니 왕위를 물려주겠다고 말했지. 그 말을 들은 메데이아는 발을 굴렀어.

"에잇, 조금만 더 시간이 있었다면 내가 이 나라를 차지할 수 있었을 텐데!"

메데이아는 아이게우스왕을 홀려서 나라를 차지하려 했던 거야. 그런데 아들인 테세우스가 나타나는 바람에 모든 계획이 물거품이 되고 만 게지. 결국 메데이아는 아이게우스왕의 성을 떠나야 했어. 하지만 순순히 물러날 수는 없었지.

"이대로 테세우스가 왕이 되는 걸 두고 볼 수만은 없어!"

메데이아는 테세우스에게는 왕이 될 자격이 없다는 소문을 냈어.

"생각해 보세요. 갑자기 나타나서는 나라를 다스리다니요!"

"그건 그렇네."

사람들은 테세우스에 대해 수군거리기 시작했어.

그 무렵 아테네엔 아주 큰 골칫거리가 하나 더 있었지. 바로 크레타섬에 사는 미노타우로스라는 괴물이야. 아테네 사람들은 미노타우로스를 몹시 두려워했어. 그도 그럴 것이 미노타우로스는 반은 사람, 반은 황소의 모습을 한 괴물이었거든.

아테네 사람들은 미노타우로스를 달래기 위해 해마다 남자

아홉 명, 여자 아홉 명을 제물로 바쳤지. 제물이 된 사람들은 크노소스 궁전으로 들어가야만 했어. 그러면 그곳에서 미노타우로스에게 잡아먹히는 거지.

　미노타우로스는 미노스왕의 아내인 파시파에와 황소 사이에서 태어난 괴물이었어. 아내가 괴물을 낳았다는 사실을 알게 된 미노스왕은 크노소스 궁전을 세상에서 가장 복잡한 미로로, 즉 미궁으로 만들게 했지. 그리고 눈엣가시 같은 아테네 사람들을 마구 잡아다가 미궁에 들여보냈어. 그러면 미노타우로스가 나타나 그들을 잡아먹었던 거야. 이 사실을 알게 된 아이게우스왕은 미노타우로스를 없애고 싶었지만 방법이 없었어. 그래서 해마다 남자와 여자를 각각 아홉 명씩 바칠 테니 다른 사람들은 잡아가지 말라고 부탁했던 거야.

　"제가 미노타우로스를 없애겠습니다! 그러면 모든 사람들이 저를 왕자로 인정해 주지 않겠습니까?"

　"안 된다. 그러다 네가 다치기라도 하면 어떡하려고!"

　아이게우스왕은 크게 반대했어. 하지만 테세우스는 자신의 뜻을 굽히지 않았어.

　"저를 믿어 보세요, 아버지. 반드시 미노타우로스를 해치우고, 크레타섬까지 타고 갔던 배의 돛을 흰 돛으로 바꿔 달고 돌아오겠습니다."

원래 크레타섬까지 재물을 태우고 가는 배는 검은 돛을 달고 있었어. 테세우스는 아이게우스왕이 멀리서도 자신이 무사하다는 걸 알 수 있도록 검은 돛 대신 흰 돛을 달고 오겠다고 약속했던 거야.

"부디 무사해야 한다!"

아이게우스왕이 몹시 걱정스러운 듯 테세우스를 바라보았어.

"걱정 마세요! 반드시 흰 돛을 달고 오겠습니다!"

한편 크레타섬 사람들 사이에선 아테네의 왕자 테세우스가 직접 제물이 되어 크노소스 궁전으로 간다는 소문이 파다했지. 이 소문을 들은 크레타 왕국의 공주 아리아드네는 꼭 테세우스의 얼굴을 보고 싶었어. 공주는 이른 아침부터 배가 들어오는 항구에서 테세우스를 기다렸지.

"오, 정말 늠름하고 멋진 분이시로군요!"

아리아드네는 테세우스의 늠름한 모습을 보고 첫눈에 반하고 말았어.

"미노타우로스를 무찌르고 돌아오겠습니다, 공주님."

테세우스가 정중히 인사를 했어. 그러자 아리아드네는 테세우스에게 커다란 실뭉치 하나를 내밀었어.

"이것이 무엇입니까?"

"크노소스 궁전은 세상에서 가장 복잡한 미로입니다. 이 실뭉치를 입구에 묶어 둔 다음 천천히 실타래를 풀면서 들어가세요. 그리고 실을 따라 나오면 입구를 찾을 수 있을 테니까요."

"지혜로운 공주님, 감사합니다!"

이렇게 해서 크노소스 궁전으로 들어간 테세우스는 입을 다물 수 없었어. 그곳은 듣던 대로 아주 음침하고 복잡한 미로였거든. 테세우스는 사람들 사이에 섞여 걸으면서 실타래를 계속 풀었어. 그때 궁전 안쪽에서 아주 기분 나쁜 울음소리가 들려왔지.

"그 괴물이 나타났나 봐요!"

미노타우로스의 울음소리는 황소의 울음소리와 사람의 울음소리가 섞인 것처럼 기분 나쁘고 섬뜩했어. 사람들은 몸을 잔뜩 움츠리고 벌벌 떨었지.

그때 어둠 속에서 무언가가 나타났어. 황소의 머리와 인간의 몸을 가진 괴물이었지.

"미, 미노타우로스다!"

사람들이 벌벌 떨며 두려워했어. 그때 테세우스가 앞으로 걸어 나왔지. 그리고 씩씩거리며 달려오는 미노타우로스의 뿔을 양손으로 붙잡았단다. 미노타우로스는 테세우스를 밀어내려고 안간힘을 썼어. 하지만 테세우스의 힘은 미노타우로스와 막상막하였지.

"이 괴물 녀석, 오늘이 네 제삿날이다!"

테세우스는 거대한 황소인 미노타우로스의 몸을 단번에 밀어내고 곤봉을 던졌어. 무거운 곤봉을 머리에 맞은 미노타우로스는 자리에 픽 쓰러지고 말았어. 테세우스는 쓰러진 미노타우로스의 뿔을 양손으로 우두둑 뽑아냈지. 마침내 테세우스가 미노타우로스를 해치운 거야.

제물로 바쳐졌던 사람들은 미노타우로스의 죽음을 확인하고 기뻐 어쩔 줄 몰랐어. 하지만 금세 분위기가 차분하게 가라앉고 말았지.

"그나저나 우린 어떻게 밖으로 나가죠?"

"지금껏 이 복잡한 미로에서 빠져나간 사람은 아무도 없대요."

그때 테세우스가 곤봉을 도로 주우며 말했지.

"걱정 말아요. 입구가 어느 쪽인지 이미 알고 있으니까."

테세우스는 아리아드네가 알려 준 대로 실타래를 도로 감기 시작했어. 그렇게 실타래를 감으며 걷자 마침내 입구가 보였지.

"입구다!"

"이제 집으로 돌아갈 수 있어!"

"이게 다 테세우스 덕분이에요! 테세우스 만세!"

사람들은 환호성을 지르며 기뻐했어.

그렇게 무사히 빠져나온 테세우스는 제물로 바쳐졌던 사람들과 함께 아테네로 돌아가는 배를 탔어. 배에 올라탄 테세우스는 긴장이 풀려 잠이 들고 말았지. 얼마나 깊이 잠들었는지 아테네에 도착할 때까지 깨어나질 못할 정도였어. 그런데 테세우스가 잠든 사이 아주 끔찍한 일이 벌어졌단다.

미노타우로스의 손아귀에서 무사히 벗어났다는 사실 때문에 들뜬 선원들은 흥청망청 술을 마시고 노래를 부르느라 시간 가는 줄을 몰랐어. 고향으로 다시 돌아간다는 기쁨에 취해 있었던 거야. 그 바람에 검은 돛을 흰 돛으로 바꾸는 걸 깜빡했지.

한편 아이게우스왕은 아들 테세우스가 돌아오기만을 이제나저제나 기다렸어. 그때 바다 저 멀리 배 한 척이 다가오는 모습이 보였어. 아이게우스왕은 목을 쭉 빼고 돛을 보았어. 그런데 배에 달린 돛은 검은색이었지.

"오, 나의 아들이 죽다니!"

테세우스가 미노타우로스와의 싸움에서 졌다고 생각한 아이게우스왕은 자리에 털썩 주저앉고 말았어. 왕은 이 모든 일이 자기 때문인 것 같아 괴로워 견딜 수가 없었지. 결국 아이게우스왕은 테세우스의 이름을 애타게 부르며 바다에 뛰어들고 말았어. 이때부터 아이게우스왕이 뛰어든 이 바다를 '에게해'라고 부른단다.

　아이게우스왕이 죽은 뒤 테세우스는 아테네의 왕이 되었지. 테세우스가 다스리는 아테네는 평화롭고 살기 좋은 나라가 되었어. 테세우스는 귀족들의 권한을 줄이고 모든 사람들이 민주적으로 나라를 다스릴 수 있게 도왔지. 그 덕분에 아테네의 민주주의는 크게 발전할 수 있었다고 해. 또한 테세우스는 돈을 만들었어. 테세우스는 자기가 만든 동전 속에 미노타우로스의 머리를 새겨 넣었단다.

　"우리의 왕 테세우스!"

　"영웅 테세우스가 아테네의 주인이 되어 사람들을 평화롭게 만들었네!"

　사람들은 테세우스를 위한 노래를 만들어 부르며 그의 업적을 칭송했다고 해.

재미있게 이해하기!

📖 크레타는 정말 아테네보다 강한 나라였을까?

아테네는 현재 그리스의 수도이지만 고대 그리스 때엔 도시 국가 중 하나였어. 고대 그리스에는 아테네와 크레타를 비롯한 도시 국가가 여러 개 있었거든. 도시 국가란 말 그대로 도시만 한 크기의 작은 국가라는 뜻이야.

아테네는 크레타와 가까이 있었는데 서로 사이가 좋지 않았어. 처음엔 크레타의 국력이 막강했는데 점점 시간이 갈수록 아테네가 강해져서 결국 아테네가 그리스를 통일하게 된단다.

📖 아이게우스왕은 왜 신전으로 갔을까?

고대 그리스에서는 중요한 일이 있을 때마다 왕이나 귀족들이 신전으로 가서 기도하곤 했어. 신을 모신 신전은 주로 높은 언덕에 세워져 있었어. 이것을 높은 언덕이라는 뜻의 '아크로폴리스'라고 하지.

📖 테세우스가 없앤 미노타우로스는 실제로 있었던 괴물일까?

미노타우로스가 실제로 있었던 괴물인지는 밝혀지지 않았지만 테세우스가 들어갔던 미로처럼 복잡한 크노소스 궁전은 정말 있단다. 크노소스 궁전을 만든 사람은 다이달로스라는 기술자였어. 다이달로스의 아들은 그리스 신화에 나오는 인물로, 아테네 최고의 조각가이자 발명가야. 다이달로스는 자신의 조카인 탈로스의 재능을 질투해서 탈로스를 해쳤대. 그 때문에 아테네에서 쫓겨나 크레타섬으로 가게 되었다지.

📖 테세우스는 아리아드네와 결혼했을까?

크레타섬의 공주인 아리아드네는 테세우스를 보고 첫눈에 반해 버렸지. 그래서 테세우스에게 크노소스 궁전을 빠져나오는 방법까지 몰래 알려 주었어. 그런데 실제로 아리아드네는 테세우스와 결혼하지 못했단다. 아리아드네는 테세우스와 결혼하는 대신 디오니소스 신의 사랑을 받아들여 여신이 되었다고 해. 여름 하늘의 별자리 중 가장 아름다운 별자리가 북쪽왕관자리인데, 그것은 디오니소스 신이 아리아드네에게 선물로 준 것이라는 전설이 있거든.
이게 진짜인지 아닌지는 알 수 없으나 둘의 사랑이 이뤄지지 않은 것만은 틀림없어.

2

로마를 세운 위대한 왕
로물루스

> 미리 만나 보기

로물루스는 어떤 인물일까?

- 시대 고대 로마
- 직업 로마의 초대 왕

빛나는 나라 '로마'가 어떻게 생겨났는지 알고 있니? 로마는 로물루스가 세웠다고 알려졌는데, 로물루스는 쌍둥이 동생과 함께 태어나자마자 버려졌다고 해. 늑대의 젖을 먹고 자랐다는 전설이 있어.

로마를 세운 로물루스는 사람들이 잘 살 수 있도록 건축물을 세우고 제도를 정비하는 등 여러 가지 일을 했어.

로마는 처음엔 작은 도시 국가로 시작했지만 영국, 터키, 이란, 아프리카까지 세력을 넓혀 대제국이 되었지. 로마 사람들은 민족이나 국가에 상관없이 좋은 문화를 모두 받아들여 새로운 문화를 만들어 냈어. 로마의 문화는 놀라울 정도로 발전하게 되었지. 로마 사람들은 그렇게 만들어진 문화를 다시 전 세계에 전파했어. 그 덕분에 아직도 세계 곳곳에는 로마의 건축 양식대로 지어진 아름다운 건물들이 존재해. 이 모든 일은 로물루스가 로마를 세우지 않았더라면 아마 불가능했을 거야.

자, 그럼 로마를 세운 늠름하고 아주 특별하고 위대했던 청년 로물루스에 대해 이야기해 줄게.

이건 아주 멀고도 먼 옛날 이야기야. 옛날에 알바롱가라는 나라가 있었지. 알바롱가의 왕은 누미토르였어. 그런데 그의 동생 아물리우스가 왕위를 빼앗아 버렸지 뭐야.

아물리우스는 형의 아들들을 모조리 죽이고 마지막으로 남은 외동딸인 레아마저도 죽이려고 했어.

"부탁이야, 레아를 베스타 여신의 하녀로 삼아 주게!"

누미토르가 아물리우스에게 애원했어.

"여신의 하녀로 삼아 달라고?"

"그래, 여신의 하녀가 되면 절대 결혼을 할 수 없잖나. 그럼 영영 아이도 낳을 수 없을 거야. 그렇다면 왕위를 위협할 일도 없겠지."

"그건 그렇지."

"나에게 남은 건 이제 어린 레아뿐이네. 제발 레아의 목숨까지는 빼앗지 말아 주게."

누미토르는 사정했어.

마음이 약해진 아물리우스는 레아를 화로의 여신인 베스타의 신전으로 보냈지. 그날부터 레아는 신전에서 허드렛일을 하며 지내게 됐어.

그러던 어느 날 밤, 이상한 형체 하나가 신전 안으로 걸어왔어. 얼핏 보면 이글이글 타오르는 불덩이 같기도 했고, 자세히 보면 온몸이 녹아내리고 있는 괴물 같기도 했어.

아물리우스는 이 형체가 전쟁의 신 마르스라는 걸 금방 눈치챘어.

"어서 저분을 공주님의 방으로 뫼시어라."

아물리우스의 명령에 시녀들이 어리둥절한 표정을 지었어. 아물리우스는 자신의 딸과 마르스를 결혼시킬 계획이었지.

'크크, 전쟁의 신과 나의 딸이 결혼해서 아이를 갖는다면 얼마나 좋을까? 그렇다면 알바롱가는 그 어떤 나라도 넘볼 수 없는 강력한 나라가 될 텐데!'

하지만 아버지의 생각과 달리 아물리우스의 딸은 겁이 나서 견딜 수가 없었어. 이글이글 타오르는 남자 곁으로 가까이 다가서면 불에 타 버릴 것 같았던 거야. 공주는 사촌인 레아에게 달려가 도움을 청했어.

"그 사람에게 가까이 다가서기만 해도 불에 화르르 녹아 버릴 듯 뜨겁고 무서워. 레아, 부탁이야. 내 대신 네가 공주인 척해 줘."

"제, 제가요?"

공주는 사촌인 레아에게 자기 옷을 벗어 주며 애원했어.

"그래, 난 저 사람이 무서워. 저런 남자에게 시집가기 싫어."

레아는 공주의 애타는 부탁을 거절할 수가 없었어. 결국 레아는 공주를 대신하기로 하고 옷을 갈아입었지. 레아는 공주인 척하고 마르스 앞에 나아가 인사하며 손을 내밀었어. 그러자 마르스가 타오르는 팔을 뻗어 그 손을 잡았단다.

"아아!"

순간 레아의 입에서 외마디 비명이 터져 나왔어.

살이 타고 녹아내리던 마르스의 몸이 차갑게 식더니 아주 잘생기고 늠름한 모습으로 변한 거야.

한편 공주가 마르스가 머무는 방으로 레아를 보냈다는 걸 알게 된 아물리우스는 불같이 화를 냈지.

"이게 얼마나 어렵게 얻은 기회인데!"

아물리우스는 레아를 감옥에 가둬 버렸어. 그러고는 신전에서 일하는 하녀가 감히 공주로 위장해 신과 결혼했다는 죄를 물어 죽이려고 했지.

누미토르가 부디 한 번만 더 딸을 살려 달라고 애원했지만 소용없었어.

"레아는 율법을 어겼다. 당장 강물에 던져 버려라!"

아물리우스가 버럭 외칠 때였어. 갑자기 뜨거운 불길 속에서 화로의 여신인 베스타가 나타났어.

"저 여자를 죽이면 안 된다."

"어째서입니까?"

"저 여자는 아들을 낳을 것이다. 그 아들은 신의 아들이며 훗날 세상에서 가장 크고 넓은 나라를 세울 것이다."

베스타의 예언을 들은 아물리우스는 덜컥 겁이 났어.

신의 아들을 함부로 죽였다가 노여움을 살까 두려웠고, 그 아이가 자라서 자신의 자리를 빼앗을까 봐도 무서웠던 거지.

열 달이 지나자 레아는 정말 아들을 낳았어. 그런데 놀랍게도 아이는 하나가 아니라 둘이었어. 그래, 쌍둥이를 낳은 거야.

"에잇, 한 놈이 태어나도 불길한데 한꺼번에 둘이나 태어나다니! 여봐라, 저 쌍둥이를 강가에 버려라!"

아물리우스는 쌍둥이를 강에 버리면 틀림없이 죽을 거라고 믿었어. 그러면 자기 손으로 쌍둥이를 죽인 게 아니니 신도 함부로 벌을 내릴 수 없을 것이라고 생각했던 거야.

아물리우스의 명령을 받은 신하는 쌍둥이를 바구니에 담아 강가로 향했어. 그리고 주위를 두리번두리번 살피다가 슬그머니 바구니를 버려두고 도망쳤지. 아무것도 모르는 쌍둥이는 응

애웅애 애타게 울었어.

'미안하다, 아가들아. 내 잘못이 아니야. 너희를 버리라고 명령한 아물리우스왕을 탓하도록 해.'

신하는 두 눈을 질끈 감으며 돌아서려 했어. 바로 그때 늑대 한 마리가 수풀 속에서 나타났지 뭐야!

늑대는 울고 있는 쌍둥이에게 점점 가까이 다가왔어. 신하는 쌍둥이가 곧 늑대의 밥이 될 것이라고 생각했지. 그런데 이게 웬일이야? 늑대가 쌍둥이에게 젖을 물려 주지 뭐야!

쌍둥이는 그 젖을 쪽쪽 빨아먹더니 새근새근 잠이 들었어.

"쌍둥이는 어찌 되었느냐? 죽었느냐?"

아물리우스는 쌍둥이를 버리고 온 신하에게 물었어.

"시, 실은…… 강으로 가던 길에 갑자기 수풀 속에서 늑대가 나타나더니 쌍둥이에게 젖을 주었습니다. 또 수천 마리 독수리가 날아와 먹을 것을 두고 갔습니다."

"에잇! 그래도 절대 데려오면 안 된다. 그 아이들을 모른 척하도록 해."

아물리우스는 속으로 '늑대의 젖을 먹고 자란 아기들이 얼마나 오래 살겠어.'라고 생각했지. 하지만 그의 생각과는 달리 쌍둥이는 늑대의 젖을 먹고 무럭무럭 자랐단다.

그러던 어느 날, 양치기인 파우스툴루스가 길을 가다가 쌍둥이를 발견하게 됐어.

"엇, 이런 곳에 아이들이 있다니!"

파우스툴루스는 아이들을 안고 집으로 돌아갔지.

"세상에! 여보, 이 아이들은 누구예요?"

파우스툴루스의 아내가 두 눈을 휘둥그렇게 뜨며 물었어.

"신이 우리에게 준 아이들이라오."

"여보, 우리 둘 다 정성을 다해서 이 아이들을 키우도록 해요!"

　파우스툴루스와 그의 아내에겐 그동안 자식이 없었지. 평소 아이를 간절하게 원했던 파우스툴루스는 쌍둥이를 자기 아들로 삼고, 로물루스와 레무스라는 이름을 지어 주었어.

　로물루스와 레무스는 양치기 부부의 사랑 속에서 무럭무럭 아주 잘 자랐단다.

　파우스툴루스는 비록 가난했지만, 두 아들을 위해서라면 못 할 것이 없었어. 그는 밤늦게까지 부지런히 일해 번 돈으로 로물루스와 레무스를 학교에 보냈단다.

"아버지, 그만 일하고 좀 쉬세요."

"맞아요, 이제 저희가 일을 도울게요."

로물루스와 레무스는 파우스툴루스에게 제발 일을 줄이라고 부탁했어. 하지만 파우스툴루스는 두 아들을 가비이라는 도시로 보낼 생각에 더욱 부지런히 일했지. 가비이는 근방에서 가장 큰 도시였단다. 그곳에는 아주 크고 좋은 학교가 많았기에 아들들이 가비이의 학교에서 공부하기를 바랐던 거야.

"너희는 아주 특별한 아이들이란다. 이다음에 꼭 큰일을 할 게야."

파우스툴루스는 어렵사리 모은 돈으로 로물루스와 레무스를 가비이에 있는 학교에 보냈어.

사람들은 그런 파우스툴루스를 비웃었지.

"흥, 양치기 주제에 자식을 가비이의 학교에 보내다니!"

"글을 배워 봤자 양치기의 아들이 양을 치지, 나라를 다스리겠어?"

그러나 파우스툴루스는 아랑곳하지 않았지. 파우스툴루스는 아들들이 자라면 큰일을 할 거라고 믿었던 거야.

"내 아들들은 훗날 많은 사람에게 반드시 칭송받을 것이오. 그러니 나는 비웃더라도 내 아이들에 대해서는 함부로 말하지 마시오!"

어느 날, 학교에서 공부하던 로물루스와 레무스는 우연히 아버지에 대한 얘기를 듣게 됐어. 글쎄, 아버지가 목장에 있는 양들을 몽땅 빼앗기고 말았다는 거야.

"대체 누가 아버지의 양들을 빼앗아 갔다는 겁니까?"

"네 아버지가 기르던 양들이 실수로 누미토르의 양을 죽였다는구나. 그래서 양을 몽땅 빼앗기고 말았다지 뭐야."

"누미토르라면 아물리우스왕의 형이잖아요! 비록 왕권을 빼앗기긴 했지만 어마어마한 재산을 가진 귀족이라고 들었어요. 그런 사람이 겨우 양 몇 마리를 잃었다고 죄 없는 백성의 양을 몽땅 빼앗아 가다니요!"

레무스가 두 주먹을 움켜쥐었어. 사람들은 그런 레무스에게 참아야 한다고 말했지.

"아서라, 괜히 귀족을 화나게 만들지 마라."

"맞아, 네 아버지가 잘못이 있든 없든 귀족에겐 무조건 잘못했다고 싹싹 빌어야 해."

"아무리 그래도 아버지의 양을 빼앗아 가다니, 저는 누미토르를 용서할 수 없어요!"

화를 억누를 수 없었던 레무스는 씩씩거리며 누미토르를 찾아갔어. 그러고는 당장 아버지의 양을 돌려 달라고 소리쳤지.

"감히 누미토르 님에게 따지듯 말하다니!"

"올 때는 네 발로 걸어왔지만 돌아갈 때는 걸어서 돌아가지 못할 것이다!"

누미토르의 부하들이 달려와 레무스를 붙잡았어. 부하들은 레무스를 향해 거칠게 발길질을 했지. 아무리 힘이 센 레무스라 하더라도 한꺼번에 여러 사람을 당해 낼 수는 없었어. 레무스는 몸을 웅크린 채 흠씬 두들겨 맞기만 했단다.

바로 그때 한 신하가 멈칫하고 레무스를 바라보았지.

"잠깐, 어디서 본 얼굴인 듯한데!"

신하는 레무스에게 자기를 본 적이 없느냐고 물었어.

"저와 형은 고향 마을과 학교가 있는 도시인 가비이를 떠나 본 적이 없습니다."

"그래?"

신하는 고개를 갸웃하며 레무스를 바라보았어. 그런데 그의 모습을 보면 볼수록 낯이 익은 느낌이 들었지 뭐야.

"아까 형이 있다고 했지? 그 형은 몇 살이냐?"

"저와 쌍둥이라 나이가 같습니다."

"그래?"

순간 신하의 머릿속에 강가에 버려두고 온 쌍둥이가 떠올랐어. 신하는 조심스럽게 레무스를 훑어보았지.

늠름하고 잘생긴 얼굴, 딱 벌어진 어깨, 훤칠한 키……. 레무스의 얼굴은 마치 귀족의 아들처럼 우아하고 기품 있어 보였지.

'누가 이런 청년을 한낱 양치기의 자식이라고 여기겠어! 이 청년은 폐하의 젊은 시절을 빼닮았구나.'

신하는 레무스를 보고 누미토르의 젊은 시절 모습과 똑같다고 생각했어. 그래서 혹시나 하는 마음으로 질문을 던졌어.

"혹시 너희들의 어린 시절에 대해서 들은 이야기가 있느냐?"

"저와 형의 어린 시절에 대해서 말입니까?"

"그래, 지금의 아버지는 낳아 준 아버지가 맞느냐? 혹시 너희를 키워 준 아버지는 아니더냐?"

"그러고 보니…… 아버지가 저희를 강가에서 주워 왔다는 얘기를 들은 적이 있습니다. 혹시 저희들의 친부모에 대해 알고 계십니까?"

레무스의 말에 신하는 뜨끔했어.

"가, 강가에서 주워 왔다고? 강가에 버려졌다면 굶어 죽었을 텐데?"

"늑대가 나타나 젖을 주었다고 합니다."

"느, 늑대가?"

순간 신하는 가슴이 철렁 내려앉았어.

눈앞에 있는 레무스와 그의 쌍둥이 형이 누미토르의 딸인 레아와 전쟁의 신 마르스 사이에서 태어난 아이들이 틀림없다는 생각이 들었던 거야.

"누미토르 님, 손자들이 돌아왔습니다!"

신하는 이 기쁜 소식을 누미토르에게 달려가 전했어. 그 말을 들은 누미토르는 자리에서 벌떡 일어났지.

"나의 귀한 손자들이 파우스툴루스라는 양치기의 아들로 자랐다고? 우선 그 녀석의 집으로 가서 증거가 있는지 살펴보자."

누미토르는 어떻게든 레무스의 말이 사실인지 확인하고 싶었어. 그래서 병사들을 이끌고 파우스툴루스의 집으로 쳐들어갔어. 겁에 질린 파우스툴루스는 부들부들 떨며 말했지.

"가, 갑자기 쳐들어와서 이게 무슨 짓입니까!"

"네 아들들의 비밀을 알고 있다. 그 녀석들이 늑대의 젖을 먹고 자랐다지?"

"그, 그건……."

"이미 확인한 사실이다!"

"살려 주십시오! 그저 늑대가 찾아와 젖을 물린 것뿐입니다. 그 아이들은 강가에 버려져 있던 불쌍한 아이들입니다."

"아이들이 버려진 자리에 바구니 같은 것이 놓여 있었느냐?"

누미토르가 묻자 파우스툴루스가 벌벌 떨며 대답했어.

"네, 있었습니다. 이상한 문양이 새겨진 고급스러운 바구니였습니다."

"그것을 당장 가져오너라!"

누미토르는 파우스툴루스가 가져온 바구니를 살펴보았어. 그곳에는 왕가에서만 쓰는 문양이 아주 선명하게 박혀 있었지.

"이건 왕실에서 쓰는 물건이 틀림없구나."

누미토르는 눈물을 흘리며 기뻐했어. 죽은 줄로만 알았던 손자들을 되찾았으니 덩실덩실 춤이라도 추고 싶었지.

누미토르는 파우스툴루스에게 사과하며 지금까지의 상황을 설명해 주었어.

"고맙네, 고마워!"

누미토르는 파우스툴루스에게 자신의 손자들을 살려 주어 고맙다며 몇 번이고 넙죽넙죽 인사를 했어.

그 무렵 아물리우스는 마음을 놓고 안심하고 있었어. 처음엔 쌍둥이가 자라서 왕위를 빼앗으러 올까 봐 날마다 조마조마했지. 그런데 몇십 년이 지나도록 쌍둥이가 나타나지 않으니 점점 마음이 놓였던 거야.

안심이 된 아물리우스는 "신의 아들이라 하더라도 별수 없이 강가에서 굶어 죽었을 거야!"라며 웃음을 터트렸지.

누미토르가 로물루스와 레무스를 찾은 사실을 까맣게 모르고 있던 아물리우스왕은 흥청망청 술을 마시고 화려한 무도회를 열었지.

"크크크, 이제 나의 왕위를 탐낼 사람은 아무도 없어! 술을 더 가져오너라. 악기를 더 크게 연주해라!"

아물리우스는 백성들에게서 빼앗은 재산을 멋대로 썼어. 백성들의 불만이 하늘을 찌를 듯 높아졌지만 아랑곳하지 않았지.

그러던 어느 날, 아물리우스는 이상한 소문을 듣게 됐어.

"그 소식 들었어요? 늑대의 아들들이 왕을 없애고 새로운 나라를 세울 거래요."

"늑대의 아들들? 그게 누군데요?"

"글쎄, 늑대가 젖을 먹여 키운 아이들이라네요. 늑대의 아들들이 군대를 이끌고 이곳으로 오고 있대요."

순간 아물리우스의 머릿속을 스쳐 가는 것이 있었지. 그래, 바로 레아가 낳은 쌍둥이였어.

"그럴 리가 없지. 암, 그 녀석들은 오래전에 죽었어."

아물리우스는 애써 태연한 표정을 지었어.

그때였지. 멀리 언덕 너머로 수백, 수천 명의 사람이 횃불을 들고 오는 게 보였어. 사람들을 이끄는 이는 둘이었어. 바로 로물루스와 레무스 형제였지. 멀리서 본 그들의 모습이 얼마나 무시무시하고 용맹스러웠는지, 마치 신이 땅으로 내려온 것 같았지 뭐야.

"저, 전쟁의 신이 나타났다!"

아물리우스는 소리를 지르며 도망치려 했어.

그때 레무스가 성안으로 들어가 공격을 시작했어. 로물루스는 사람들과 함께 성을 에워싸고 공격했지. 결국 아물리우스는 도망치다가 붙잡히고 말았어.

"윽, 그때 신의 아들들을 확실히 없앴다면 이런 일도 없었을 것을!"

아물리우스는 피를 토하며 쓰러졌지.

아물리우스가 죽자 왕위는 다시 누미토르에게 돌아왔어. 아물리우스에게는 딸밖에 없었기 때문에 누미토르가 왕위를 잇게 되었지.

"너희들 중 누구에게 왕위를 물려주는 것이 좋겠느냐?"

누미토르는 손자인 로물루스와 레무스 가운데 누구에게든 왕위를 물려주고 싶었어. 하지만 하나밖에 없는 나라를 반으로 쪼개서 줄 수는 없는 노릇이었지. 로물루스와 레무스는 둘 다 왕위에는 욕심이 없다고 말했어.

"그래도 너희들 가운데 한 명은 이 나라의 왕이 되어야 해."

누미토르는 손자들을 곁에 오래도록 두고 싶었어. 하지만 로물루스와 레무스의 생각은 달랐지.

"아닙니다. 저희는 억울하게 돌아가신 어머니의 명예를 바로

잡은 뒤 이 나라를 떠날 것입니다."

로물루스와 레무스는 서로 왕위를 놓고 다투고 싶지 않았던 거야. 누미토르도 그 뜻을 존중해 주기로 했지.

"어디로 가서 나라를 세울 것이냐?"

"발길이 닿는 곳은 어디든 좋습니다. 걸음이 멈추는 곳에 나라를 세우고 발전시키겠습니다."

"그래, 너희 둘은 잘 해낼 것이다!"

할아버지인 누미토르는 형제의 뜻을 꺾을 수 없다고 생각했지. 그래서 진심으로 둘을 응원해 주었단다.

그렇게 해서 로물루스와 레무스는 길을 떠나게 됐어. 얼마나 갔을까. 로물루스가 지금의 로마가 위치한 장소에 멈춰 섰어.

"나는 이곳에 나라를 세울까 해."

"여긴 산이 높고 험악해서 백성들이 농사짓기 어려울 것 같은데?"

"응. 하지만 나는 이곳에서 산을 깎고, 땅을 일궈 나라를 세우고 싶어."

로물루스는 그 땅이 마음에 든다고 말했지.

레무스는 좀 더 먼 곳으로 갔어. 레무스는 아벤티네산 중턱에 있는 평평한 언덕에 멈추어서 나라를 세우기로 마음먹었지.

로물루스와 레무스가 나라를 세울 땅을 정하자 하늘에서 독수리 떼가 우르르 날아올랐어.
 까악, 까악! 독수리들은 일제히 하늘을 날며 신의 아들들이 새로운 나라를 세우게 되었다는 소식을 전했다지.

재미있게 이해하기!

📖 그리스 신화와 닮은 로마 신화

로물루스의 아버지라고 알려진 마르스는 그리스 신화에서는 아레스라고 해. 원래 로마인들은 모든 사물이나 장소에 신이 있다고 믿었어. 모든 현상과 관련이 있어서 때로는 사람을 해하기도 한다고 생각했지. 그런데 로마인이 그리스인과 접촉하고 그들의 문학을 알게 되면서 그리스 신화의 신들, 다시 말해 인간과 같은 생활을 하는 구체적 인격을 갖춘 신들을 받아들이게 된 거야. 그래서 로마의 신과 그리스 신이 짝을 이루어 비슷한 성격을 지니게 된 것이란다. 로물루스 관련 예언을 한 베스타도 그리스 신화의 헤스티아와 같아.

📖 모티프가 비슷한 이야기

로물루스와 레무스가 강가에 버려진 이야기와 비슷한 이야기는 전 세계 신화 곳곳에 있어. 우리나라 바리데기 신화와 《성경》에 나오는 모세 이야기가 그렇지.

여섯 명의 공주를 낳은 왕과 왕비는 일곱 번째 아이도 딸인 것을 보고 공주를 옥으로 만든 상자에 넣어 강물에 띄워 버려. 아기는 바리공덕 할미에게 구출되어 자라나게 되지.

모세도 마찬가지야. 이스라엘 레위 집안에서 태어난 모세는 이스라엘의 사내아이는 태어나는 즉시 모두 죽이라는 파라오의 명을 피해 나일강에 버려져. 모세 역시 나일강에 나온 파라오의 딸에게 구출되어 자라지.

📜 로물루스와 레무스는 왜 서로 다른 곳에 나라를 세운 걸까?

로물루스와 레무스는 도시를 세울 자리를 두고 서로 다른 생각을 했대. 로물루스는 지금의 로마 광장이 있는 팔라티움 언덕에 나라를 세우고자 했지. 하지만 레무스는 아벤티누스 언덕에 나라를 세우고 싶어 했어. 그러자 둘은 독수리를 날려서 어느 쪽에 나라를 세울지 결정하기로 했어. 로물루스와 레무스가 독수리를 하늘로 띄워 보내자 독수리 수십 마리가 팔라티움 언덕으로 날아가 앉았어. 결국 화가 난 레무스는 로물루스에게 대항하려고 전쟁을 일으켰다고 하지.

📜 로마 사람들은 독수리 점을 믿었다고?

로마 사람들은 독수리를 아주 신성한 새라고 믿었대. 곡식을 함부로 쪼아 먹지 않고, 죽은 고기만 잡아먹는 독수리야말로 신이 인간에게 보낸 사자라고 생각했던 거야. 그래서 로물루스와 레무스의 신화에 독수리가 먹을 것을 가져다주는 장면이 나오는 거란다. 또 로마 사람들은 독수리가 많이 모여 있으면 좋은 일이 일어난다고 믿었다고 해. 그래서 어떤 장소를 정할 때 먼저 독수리가 있는지를 살폈다지.

지금도 로마에선 독수리가 기쁜 소식을 전하는 행운의 새라고 여기지. 로물루스와 레무스가 독수리가 가져온 음식을 먹고 자랐다는 이야기 덕분에 신성한 대상으로 생각하는 것이기도 해.

3
동서양의 문명을 통합한 세계의 정복자
알렉산드로스

미리 만나 보기

알렉산드로스는 어떤 인물일까?

- 시대 고대 그리스 마케도니아, B.C. 356 ~ B.C. 323
- 직업 마케도니아 왕

마케도니아의 왕자로 태어나 스무 살의 어린 나이에 왕이 된 알렉산드로스는 아버지의 뒤를 이어 마케도니아의 영토를 확장하기 시작했어. 덕분에 마케도니아의 땅은 그리스를 시작으로 남쪽으로는 이집트, 동쪽으로는 인도 북서부에 이를 정도로 커졌어. 무수한 나라를 정복한 알렉산드로스는 그리스를 침략했던 페르시아 제국을 무너트리고, 그리스 역사상 가장 넓은 영토를 개척할 수 있었어. 그래서 사람들은 알렉산드로스를 '위대한 정복자'라고 부른단다.

알렉산드로스는 자신이 정복한 지역에 '알렉산드리아'라는 도시를 세우고, 그리스와 마케도니아의 문화와 과학 기술을 전파했어. 또 마케도니아 문화만 고집하지 않고 각 나라의 문화와 기술을 인정하고 적극적으로 받아들였지. 그 덕분에 유럽과 서아시아의 문화가 뒤섞이면서 '헬레니즘'이라는 역사적 현상이 생겨났어.

하지만 안타깝게도 젊고, 늠름하고, 뛰어난 재주를 가진 왕은 오래 살지 못했어. 비록 젊은 나이에 죽음을 맞았지만 누구보다 위대한 업적을 쌓은 사람, 알렉산드로스. 그에 대한 이야기를 지금부터 한번 들어 볼래?

아이를 낳던 마케도니아 왕비 올림피아스는 긴 산통으로 지쳐 가고 있었어.

"여보, 조금만 더 힘을 내시오! 곧 아기가 태어날 것이오!"

필리포스 2세는 아내의 손을 꼭 붙잡으며 말했어. 그때 여기저기에서 전령들이 도착했지.

"폐하, 일루리아와의 전쟁에서 우리 마케도니아가 승리하였습니다!"

"폐하, 올림피아 제전에서 마케도니아가 우승하였습니다!"

전령들은 마케도니아가 승리를 거두었다는 소식을 전하기 시작했어. 그 순간 올림피아스가 외마디 비명을 질렀어. 동시에 우렁찬 아기의 울음소리가 쩌렁쩌렁 궁궐 안을 가득 채웠단다. 그래, 알렉산드로스가 태어난 거야.

"오, 너는 승리를 몰고 다니며 행운이 따르는 사람이 될 것이다!"

필리포스 2세는 갓 태어난 아들 알렉산드로스를 높이 치켜들며 외쳤어.

알렉산드로스는 어려서부터 왕이 되기 위한 여러 가지 교육을 받아야만 했어. 알렉산드로스의 선생님은 아리스토텔레스라는 유명한 철학자였지.

"선생님, 하늘은 어째서 파란 것일까요?"

아리스토텔레스는 그리스에서 가장 유명한 철학자인 소크라테스의 제자이기도 했어.

"왕자님께서는 하늘이 파란색 말고 다른 색이었으면 좋겠습니까?"

"아니요, 바다도 파랗고 하늘도 파랗지요. 이렇듯 파란 것들은 아주 넓으니, 파란색이 잘 어울린다고 생각해요."

"제 생각입니다만, 하늘이 파란 것은 바다가 파란색인 것과 비슷한 이유가 아닐까요."

똑똑한 알렉산드로스는 아리스토텔레스에게 여러 가지 과목을 배웠어. 알렉산드로스는 공부뿐만 아니라 운동도 아주 잘했지. 아버지 필리포스 2세는 알렉산드로스가 열여섯 살이 되던 해에 그에게 나랏일을 맡겼단다.

"알렉산드로스, 나는 네가 훌륭한 왕이 되기를 바란다. 지금부터 나라를 다스려 보아라."

"아버지, 저는 아직 너무 어립니다!"

"부족한 것은 이 아비가 도와줄 것이니 두려워 말아라."

이때까지만 해도 알렉산드로스와 아버지인 필리포스 2세 사이는 다정하고 사랑이 넘쳐흘렀지. 그런데 어느 날부터인가 사람들 사이에 이런 말이 나돌기 시작했어.

"마케도니아의 진짜 왕은 알렉산드로스야. 그에 비하면 필리포스왕은 아무것도 아니지."

"암, 그렇고말고! 알렉산드로스처럼 뛰어난 왕을 모실 수 있게 되어 얼마나 영광인지 몰라!"

필리포스 2세는 그런 말을 들을 때마다 슬쩍 자존심이 상했어. 하지만 누구에게도 내색할 수 없었단다.

그러던 어느 날, 필리포스 2세는 알렉산드로스의 친모 올림피아스를 두고 클레오파트라와 결혼을 하게 되었어. 사람들은 모두 반대했지. 특히 알렉산드로스의 반대가 심했어.

필리포스 2세는 이미 클레오파트라의 아름다움에 푹 빠져 버린 상태였기 때문에 알렉산드로스가 결혼을 반대하자 불같이 화를 냈지.

결국 필리포스 2세는 클레오파트라와 결혼하고 말았어. 게다가 필리포스 2세는 자기 결혼을 탐탁지 않아 하는 알렉산드로스에게 벌을 주기 위해 올림피아스를 궁궐에서 내쫓아 버렸지.

"아버지가 어머니를 내쫓다니!"

알렉산드로스는 소리 죽여 울었어. 세상에서 가장 존경했던 아버지의 모습이 너무나도 한심하게 느껴졌던 거야.

필리포스 2세가 클레오파트라와 결혼한 뒤부터 부자간의 사이는 점점 더 나빠졌지. 둘은 만났다 하면 으르렁거리며 싸우곤 했어.

"고얀 것, 감히 아버지인 내 말을 듣지 않을 셈이냐!"

"아버지가 잘못된 행동을 하시는데 어떻게 제가 그 말을 들을 수 있겠습니까!"

"너는 이제 왕자가 아니다! 당장 내 나라에서 나가거라!"

필리포스 2세는 알렉산드로스를 내쫓으려 하기도 했지.

부자간의 갈등이 계속되던 그때, 마케도니아에 끔찍한 일이 벌어졌단다. 필리포스 2세가 누군가에게 죽임을 당한 거야.

"왕자님, 큰일 났습니다! 폐하께서 돌아가셨습니다!"

"뭐, 뭐라고?"

알렉산드로스는 하늘이 무너질 듯한 충격을 받았어.

"아버지를 죽인 범인은 누구냐?"

"그것이…… 사람들이 올림피아스 왕비님이 범인일 거라고 수군거리고 있습니다."

"뭐? 그런 소문을 누가 퍼트린 것이냐!"

"클레오파트라 왕비께서 그 말을 직접 했다고 합니다."

"감히 내 어머니를 내쫓은 것도 모자라서 누명까지 씌우려 하다니!"

알렉산드로스는 주먹을 꽉 움켜쥐었어. 분하고 화가 났지만 참아야만 했지. 어쨌든 아버지와 결혼한 여자이니 새어머니로 대우해 줘야 했던 거야.

마케도니아에서는 필리포스 2세의 뒤를 이어 새로운 왕이 세워졌어. 당연히 다음 왕은 알렉산드로스였지.

하지만 사람들은 자기 남편을 죽인 비정한 왕비의 아들이 왕이 되었다며 수군거리기 시작했어. 알렉산드로스는 어머니인 올림피아스의 누명도 제대로 벗기지 못한 채 반쪽짜리 힘을 가진 왕이 되어야만 했어.

"대신들은 들으시오, 나는 호시탐탐 우리나라를 공격하는 페르시아를 정복하려 하오."

알렉산드로스는 툭하면 국경 지역을 침범해 오는 페르시아를 공격하자고 말했어. 하지만 신하들은 코웃음만 쳤지.

"페르시아처럼 막강한 나라를 우리가 무슨 수로 이긴단 말입니까?"

"왕께서 아직 나이가 어리시다 보니 경험이 없어서 그런 말을 하시나 본데 전쟁은 어린아이들의 놀이가 아닙니다. 아주 힘든 것입니다."

"맞습니다!"

신하들은 알렉산드로스의 말을 비꼬며 웃었어.

하지만 알렉산드로스는 군대를 이끌고 페르시아로 쳐들어갔지. 전쟁은 알렉산드로스의 일방적인 승리였어. 알렉산드로스가 뛰어난 전술을 이용해 적군을 단번에 쓰러트린 거야.

"어허, 큰일이오! 알렉산드로스가 이렇게 잘 싸울 줄이야!"

"이럴 게 아니라 지금 백성들에게 알렉산드로스가 죽었다는 소문을 냅시다."

"아니, 어째서요?"

"그래야 백성들이 혼란에 빠질 것이 아니오! 나라가 안정되면 알렉산드로스의 인기가 하늘을 치솟듯 높아질 겁니다."

신하들은 알렉산드로스를 훼방하기 위해서 그가 무리한 전쟁을 일으켰다가 죽고 말았다는 소문을 퍼트렸어. 즉위한 지 얼마 되지 않은 왕이 죽었다는 소식을 전해 들은 마케도니아 사람들은 슬픔에 빠지고 말았지.

하지만 그 시각 알렉산드로스는 테베라는 나라의 군대와 맞서 싸우고 있었어. 테베는 평소 마케도니아 사람들을 무식하고 어리석다며 얕잡아 보았지.

"크크, 스무 살짜리 어린 왕이 우리를 공격하러 왔다며? 겨우 3만 명도 안 되는 군대로 우리를 공격한다고?"

"겁도 없군! 우리가 얼마나 강한지 보여 주마!"

테베의 군대가 일제히 알렉산드로스를 공격했어. 그러자 알렉산드로스는 테베의 수도에서 멀리 떨어진 곳에 군대를 머물게 하고 꼼짝도 하지 않았지.

"거봐, 어린 왕이 겁을 먹고 우리를 공격하지 못하는 거야!"

"마케도니아 놈들아, 너희들의 왕이 우리에게 와서 머리를 숙이고 용서를 빈다면 목숨만은 살려 보내 주마!"

테베의 군인들은 알렉산드로스를 비웃었어.

"나도 너희들에게 약속하마. 지금 내게 항복하면 너희들을 모두 살려 주고, 재산도 빼앗지 않겠다. 하지만 지금 항복하지 않으면 너희는 모두 죽을 것이다."

테베의 군인들은 알렉산드로스의 말을 웃어넘겼어. 하지만 전투가 벌어지자 상황이 달라지고 말았지. 테베의 군인들은 강력한 알렉산드로스의 군대를 막아 낼 수 없었던 거야.

"약속한 대로 우리에게 항복한 사람은 살려 주마. 재산도 빼앗지 않을 것이다. 하지만 우리를 비웃은 사람들은 가족을 노예로 팔아 버리고, 집을 불태울 것이다."

테베의 백성들이 알렉산드로스에게 살려 달라며 무릎을 꿇고 빌었어. 그러나 알렉산드로스는 결정을 바꾸지 않았지.

"마케도니아의 왕 알렉산드로스는 전쟁에서만큼은 악마보다 무섭고 얼음보다 차가운 왕이로다!"

그날 이후 사람들은 누구도 알렉산드로스를 만만히 볼 수 없었어. 더불어 마케도니아는 안정되었고 알렉산드로스의 인기도 치솟았지.

알렉산드로스는 군대의 힘을 더욱 강력하게 키워 나갔어.

"군대가 강해지기 위해서는 군인 한 사람, 한 사람의 집안이 편안해야 한다. 나라를 위해 싸우는 군인들의 가족이 배를 곯지 않도록 먹을 것을 넉넉히 나눠 주고 월급도 지금보다 열 배 더 올리도록 하라."

"폐하, 그렇게 돈을 쓰다간 왕실 금고가 바닥날 것입니다."

"어허, 내 말대로 하여라."

걱정이 된 신하들은 알렉산드로스가 왜 이렇게까지 하는 건지 모르겠다며 불평을 늘어놓았어. 그러자 알렉산드로스는 이렇게 대꾸했지.

"나는 군인들에게 돈을 주고 희망을 사려는 것이다."

"희망이라고요?"

"그래. 그들은 앞으로 나라를 위해, 나를 위해 목숨을 바쳐 충성할 것이니까. 나는 내가 꿈꾸는 나라를 만들 수 있는 희망을 얻게 되겠지."

알렉산드로스는 왕이 된 지 2년 만에 그리스를 몽땅 차지했어. 이전까지만 하더라도 그리스는 여러 나라로 나뉘어 싸우고 있었지. 그러니까 알렉산드로스가 통일된 그리스 땅의 첫 번째 왕이 된 거란다.

스물세 살이 된 알렉산드로스는 시리아를 공격하기로 마음먹었어. 시리아는 페르시아가 호시탐탐 넘보는 기름지고 풍족한 땅이었거든.

"페르시아를 정복하려면 반드시 시리아를 먼저 우리의 것으로 만들어야 한다."

알렉산드로스는 4만 명을 이끌고 시리아로 쳐들어갔지.

한편 알렉산드로스가 공격해 온다는 소식을 들은 페르시아의 다리우스 3세는 약 11만 명으로 이루어진 군대를 준비하고 있었어.

"크크, 우리의 군대가 무려 세 배 가까이 많다. 제아무리 알렉산드로스라고 해도 이렇게 많은 군대를 무슨 수로 이기겠어?"

하지만 알렉산드로스는 망설이지 않고 앞으로 나아갔어.

"잠깐! 여기에 모든 군대를 멈춰 세우도록 하라."

"어째서 그러십니까?"

알렉산드로스가 군대를 멈춘 곳은 소아시아 반도의 남동쪽 끝에 있는 이수스라는 좁은 땅이었어.

"우린 이곳에서 다리우스왕이 공격해 올 때까지 기다린다."

"네?"

병사들은 고개를 갸우뚱했지. 하지만 알렉산드로스는 더 이상 아무것도 하지 않았어. 한편 알렉산드로스의 군대가 이수스에 멈춰 섰다는 소식을 들은 다리우스 3세는 우쭐해졌지.

"우리 병사들이 많다는 걸 알고 겁을 먹은 게 틀림없어!"

"맞습니다, 폐하. 이참에 이수스까지 군대를 끌고 가서 놈들의 코를 납작하게 만들어 버리면 어떨까요?"

"그거 좋은 생각이다! 군대를 출전시켜라!"

다리우스 3세는 당장 군대를 이끌고 이수스 땅으로 달려갔어. 그러자 알렉산드로스는 모든 병사들에게 숨어 있으라고 명령했지.

"이곳은 길이 좁고 산이 험해서 한꺼번에 많은 병사들이 들어올 수 없다. 11만 명이나 될 정도로 병사들이 많으니 줄을 서서 조금씩 들어올 것이다. 그러니 우리는 숨어서 그들을 기다리다가 하나씩 하나씩 공격한다."

"아, 그래서 군대를 멈춰 세웠던 거로군요!"

알렉산드로스의 계획은 딱 맞아떨어졌어. 다리우스 3세가 이끄는 군대가 11만 명이나 되다 보니 이수스로 통하는 좁은 길로 한꺼번에 들어올 수가 없었던 거야.

"후퇴하라! 도망쳐라! 마케도니아 놈들이 쫓아온다!"

다리우스 3세가 소리를 지르며 허둥지둥 도망치기 시작했어. 결국 마케도니아와 페르시아의 전쟁은 마케도니아의 승리로 끝이 났지.

"정말 싱거운 전쟁이었어."

"어린아이한테 사탕을 뺏는 것보다 쉬웠다니까!"

"에잇, 여보게! 그게 다 우리의 왕이 뛰어난 전술을 짠 덕분이라고!"

"그러고 보니 그 말이 맞네! 알렉산드로스 대왕 만세!"

알렉산드로스는 전쟁을 일으켜 나라를 정복했음에도 불구하고 사람들에게 큰 인기를 끌었어. 그도 그럴 것이 저항하지 않고 순순히 문을 열어 주는 도시는 조용히 지나갔기 때문이지.

당시 대부분의 장군들이 전쟁을 할 땐 사납고 난폭하게 적국에 침략해야 한다고 생각했어. 그 지역을 차지하면 물건을 약탈하고 사람들을 포로로 붙잡아 노예로 삼아야 한다고 여겼지.

하지만 알렉산드로스는 달랐어. 전쟁은 나라와 나라가 하는 것이지만 양쪽의 백성들이 피해를 입는 것만은 줄여야 한다고 생각했던 거야. 그런 배려 덕분일까? 알렉산드로스는 전쟁을 할 때마다 수월하게 땅을 차지할 수 있었어.

"반드시 피를 흘리며 싸워야만 이기는 것이 아니다. 백성들이 마음에서 우러난 충성심을 보인다면 나는 그들을 껴안고 보살필 것이다."

알렉산드로스의 군대가 정복하는 영토가 늘어날수록 그의 인기는 드높아졌지. 사람들은 용맹하고 빠른 알렉산드로스의 군대를 보고 큰 박수를 쳤어.

"마케도니아의 군대가 달라졌다며?"

"그래, 가는 곳마다 피비린내가 진동했던 군대가 달라졌어. 항복하기만 하면 목숨도 살려 주고 재산도 안전하게 지켜 준다지 뭐야."

이듬해 봄, 알렉산드로스는 또 다른 전쟁을 준비했어. 바로 이집트를 공격할 계획을 세운 거야.

"이집트 사람들은 땅을 모두 빼앗겨도 충성하지 않을 것입니다. 차라리 전쟁을 일으키는 대신 이집트의 공주와 결혼을 하십시오."

신하들이 이렇게 조언했지.

하지만 알렉산드로스는 그 말을 듣지 않았어. 알렉산드로스는 군대를 이끌고 이집트를 공격했지만 평범한 백성들의 재산은 절대 빼앗지 않았지. 오히려 귀족들에게 돈을 빼앗기고 고통을 받던 백성들을 도와주기까지 했어.

"우리를 다스리는 왕조차 관심을 가져 주지 않았는데! 다른 나라의 왕이 우리를 위해 이토록 애쓰다니!"

이집트 백성들은 누가 먼저랄 것도 없이 알렉산드로스에게 항복했다고 해. 그 덕분에 알렉산드로스의 이집트 정복은 매우 쉽고, 빠르고, 간단하게 끝이 날 수 있었지.

"폐하, 다리우스왕이 마케도니아 군대를 공격했습니다!"

"뭐라고?"

"무려 9만 명이나 되는 병사를 이끌고 오는 중이랍니다!"

그래, 다리우스 3세는 새파랗게 젊은 알렉산드로스에게 나라의 절반을 빼앗긴 것이 분해서 참을 수 없었던 거야. 화가 머리 끝까지 치민 다리우스 3세가 페르시아에 싹싹 빌다시피 하여 전쟁을 준비했던 거지.

그때 하필 알렉산드로스가 포로로 붙잡아 두었던 다리우스 3세의 아내가 숨을 거두는 일이 벌어지고 말았어.

"장례를 성대하게 치러 주고 시리아에게 우리가 왕비를 죽인 것이 아니라는 사실을 반드시 밝히도록 하라."

아내의 장례를 치러 주었다는 소식을 들은 다리우스 3세는 이런 편지를 보냈어.

장례를 치러 주어 고맙다. 내가 만약 이번 전쟁에서 이긴다면 너의 목숨을 반드시 살려 줄 것이다. 그리고 만약 내가 이번 전쟁에서 진다면 네가 페르시아를 차지할 수 있도록 신에게 기도하마.

다리우스 3세와 알렉산드로스는 불꽃 튀는 전투를 계속했어. 승리의 신은 알렉산드로스의 편이었지. 다리우스 3세는 전쟁에서 패하자 산을 넘어 다른 나라로 도망쳤어. 알렉산드로스는 그를 끝까지 뒤쫓지 않았지.

"폐하, 다리우스왕이 또 전쟁을 일으킬지도 모릅니다."

"그럼 또 맞서 싸우면 되지."

"전쟁의 신이 언제까지나 우리의 편이 될 수는 없을 것입니다. 그러니 미리 싹을 잘라 버려야 합니다."

"아니, 그렇게 하지 않을 것이다."

한편 도망친 다리우스 3세는 반란을 일으킨 신하들에게 살해당하고 말았다고 해.

뒤늦게 다리우스 3세가 죽었다는 사실을 알게 된 알렉산드로스는 직접 시신을 수습하고, 장례까지 치러 주었다지.

"비록 나와 적으로 만나 전쟁을 하였지만 시리아를 다스리던 다리우스는 훌륭한 왕이었다."

알렉산드로스는 자신의 옷을 다리우스 3세의 시신에 덮어 주었어. 운명의 라이벌에 대해 마지막 예의를 지킨 게 아닐까?

그 뒤 알렉산드로스는 해마다 전쟁을 일으켜 영토를 넓혀 나갔어. 눈엣가시 같았던 페르시아를 정복하고 인도까지 군대를 이끌고 나갔지.

"페르시아가 우리의 것이 되다니!"

"믿을 수 없는 일이 벌어졌어!"

마케도니아의 땅은 날이 갈수록 넓어졌어. 하지만 모두 알렉산드로스를 위해 충성했던 건 아니란다.

"왕이 페르시아를 정복한 뒤 우리에게 페르시아의 예절에 따라 행동하라고 명령하였소. 이게 말이 되는 소리요?"

"왕에게 인사할 때 무릎을 꿇고 반지에 입을 맞춘 다음 말을 하라지 뭐요. 그냥 인사하고 얘기하면 될 것을 복잡하게 예의를 지키라니!"

"페르시아가 뭐 그렇게 대단한 나라라고 그 나라식으로 행동하라는 건지 원!"

알렉산드로스는 궁중의 모든 예법을 페르시아식으로 바꾸려 했어. 옷도, 신발도, 왕관도 페르시아식으로 바꾸고 궁중에서 중요한 일을 하는 사람들도 모두 페르시아인들로 교체되었어. 이 일로 마케도니아의 장군들은 불만을 품게 되었지.

"우리 마케도니아의 전통을 무시하는 왕은 더 이상 우리의 왕이 아니오. 알렉산드로스는 적국의 왕이나 다름없소!"

"맞아, 페르시아의 것을 좋아하고 따르는 사람이니 페르시아의 왕이라 할 수 있지!"

"페르시아는 우리의 적! 그러니 알렉산드로스도 우리의 적이오!"

불만을 품은 장군들은 알렉산드로스를 죽일 음모를 세웠어.

이 사실을 눈치챈 알렉산드로스는 마케도니아의 장군들에게 낮은 벼슬을 주고 페르시아 출신 장군들에게 더 높은 벼슬을 주었지. 자신의 명령을 고분고분 잘 따르는 사람들을 곁에 두려 했던 거야.

"감히 우리를 낮은 자리로 밀어내다니!"

"왕은 우리가 목숨을 걸고 싸웠던 걸 잊은 모양이오!"

불만을 참다못한 장군들은 알렉산드로스를 죽일 기회만 호시탐탐 엿보았어.

그러던 어느 날, 궁궐에서 연회가 열렸단다.

마케도니아의 장군들은 일부러 알렉산드로스의 아버지인 필리포스 2세에 대한 이야기를 꺼냈어.

"필리포스왕은 알렉산드로스 님을 참 아끼셨죠!"

"맞아, 아주 자랑스러워하셨지!"

알렉산드로스는 아버지에 대한 이야기를 하느라 경계를 늦추고 말았어. 그때 한 장군이 다가와 알렉산드로스를 공격했지. 다행히 알렉산드로스는 목숨은 건졌지만 큰 부상을 입고 말았어.

그 뒤로 알렉산드로스는 마케도니아의 장군들을 더욱 믿지 못하게 되었지.

"여봐라, 신하들이 어떻게 많은 재산을 모은 것인지 비밀리에 조사하도록 하라. 저들은 내가 준 월급보다 더 많은 재산을 갖고 있어!"

알렉산드로스는 호시탐탐 자기를 죽이려고 기회를 엿보는 신하들을 조사하기 시작했어. 이 일로 알렉산드로스와 신하들 사이의 거리는 더 벌어지고 말았지.

"왕이 전쟁터에 나간 틈에 죽여 버려야만 해!"

"아무도 모르게 음식에 독을 타는 건 어떻습니까?"

신하들은 신하들대로 알렉산드로스를 죽일 음모를 세웠어. 알렉산드로스는 알렉산드로스대로 신하들을 혼내 줄 방법을 찾았지.

그러던 어느 날, 알렉산드로스가 갑자기 열병에 걸리고 말았어. 그는 몇 날 며칠을 고열에 시달리다가 목이 너무 마르자 포도주를 마셨고, 그때부터 혼수상태에 빠져들더니 결국 세상을 떠났어.

이렇게 해서 신보다 더 위대한 신으로 불렸던 알렉산드로스는 서른세 살의 나이에 갑작스럽게 죽음을 맞이하게 되었지. 알렉산드로스가 사망한 뒤 마케도니아 역시 비참하게 몰락하고 말았단다.

재미있게 이해하기!

📜 페르시아는 어떤 나라였을까?

사람들은 페르시아를 '제국'이라고 불렀어. 지금의 이란과 터키쯤에 있던 페르시아에는 여러 개의 나라가 있었는데 이를 한데 뭉쳐 페르시아 제국이라고 부르는 것이란다.

기원전 6세기 무렵 서아시아를 통일한 페르시아는 엄격한 조직과 제도를 바탕으로 나라를 이끌었어. 또 주요 도시들을 연결하는 길을 만들어 왕의 명령을 쉽고 빠르게 전달할 수 있게 했지. 페르시아 사람들은 이 길을 이용해 세계 각국으로 특산품을 수출했다고 해. 덕분에 페르시아는 상업으로 크게 발달할 수 있었지.

📜 알렉산드로스와 아리스토텔레스는 어떤 관계였을까?

아리스토텔레스가 알렉산드로스 왕자의 스승으로 있었을 당시에 대한 기록은 남아 있지 않아. 하지만 그 배움의 내용과 형식이 어떠했는지는 아리스토텔레스가 아테네로 귀환한 뒤 본격적으로 썼던 저술을 통해 가늠할 수 있지. 알렉산드로스는 스승의 연구를 위해 자신의 원정길에서 각 지역의 식물과 동물의 표본들을 수집했으며, 아리스토텔레스가 최초의 동물원과 식물원을 만드는 데 도움을 주었다고 해. 또한 아리스토텔레스가 설립한 학교에 상당한 기금을 후원했을 뿐 아니라 동방의 뛰어난 학예 서적들을 상당수 보내기도 했다고 한단다.

알렉산드로스의 비극적 가족사를 담은 무덤이 발견되었다고?

필리포스 2세는 알렉산드로스의 어머니인 올림피아스 이외에도 클레오파트라와도 결혼했다고 해. 필리포스 2세가 클레오파트라와 결혼할 때, 한 장군이 "이번 결혼으로 마케도니아에 훌륭한 후계자가 태어나길 바랍니다."라고 축원했지. 그에 알렉산드로스는 격분하여 "너의 눈에는 내가 보이지 않느냐."라며 들고 있던 잔을 던졌고, 이 사건은 부자 사이의 비극을 불러왔어.

1970년대에는 그리스 왕릉에서 유골이 발견되었는데 40여 년 만에 알렉산드로스의 아버지인 필리포스 2세의 것으로 밝혀졌어.

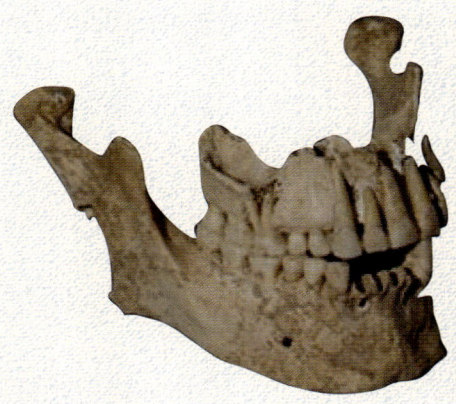

주목할 인물

알렉산드로스에게 지혜를 준 장군 **포키온**

● 시대 고대 그리스의 아테네
● 직업 정치가

포키온은 고대 아테네의 정치인이었단다. 포키온은 그리스에서 유명한 철학자 가운데 한 명인 플라톤에게서 철학을 배웠지. 플라톤의 생각을 물려받은 포키온은 사람다운 것이 무엇인지, 바른 행동이 무엇인지 고민했단다. 그래서 포키온은 광장에 모인 사람들을 향해 늘 이렇게 말했지.

"미소를 지으십시오. 비싼 물건을 사지 말고 아껴 써야 합니다. 그래야 모두에게 존경을 받는 사람이 될 것입니다."

사람들은 포키온의 말에 귀를 기울였어.

"우리 그리스에서 가장 정직한 사람일 거야."

"포키온 같은 정치인만 있다면 나라가 깨끗해질 텐데!"

사람들은 포키온의 청렴함을 높이 칭찬했어.

그러던 어느 날, 포키온은 알렉산드로스가 아테네를 공격하려 한다는 소식을 듣게 됐어. 아테네 사람들은 포키온을 장군으로 추대하고 전쟁에 나가 싸울 것을 부탁했지.

포키온은 군사들을 몰고 나타난 알렉산드로스에게 부탁했어.

"우리를 공격하는 것은 그대가 해야 할 일이라는 것을 알고 있소. 하지만 부탁이니 아테네의 귀한 유물은 지켜 주시오."

알렉산드로스는 그의 부탁을 거절했지.

"내가 그래야 할 이유가 무엇인가? 원래 전쟁이란 부수고 빼앗고 없애는 것인데."

그러자 포키온은 무자비한 전쟁을 일으키면 백성들의 땅과 재산은 빼앗을 수 있지만 마음은 항복시킬 수 없을 거라고 말했어. 그 말에 깊은 깨달음을 얻은 알렉산드로스는 전쟁을 일으키더라도 항복하는 사람들의 재산은 빼앗지 않았지.

알렉산드로스는 사람들 앞에 나서서 포키온을 친구로 맞이하겠다고 말했어.

"아테네를 지킨 건 포키온이다!"

"포키온의 지혜가 우리를 지킨 거야!"

사람들은 알렉산드로스에게 큰 깨달음을 준 포키온의 지혜에 크게 감탄했어. 이때까지만 해도 포키온은 사람들에게 오래도록 사랑받았지. 하지만 알렉산드로스가 죽자 사람들은 포키온에게 누명을 씌웠어.

"사실 포키온은 마케도니아의 편에 서서 우리 아테네의 정보를 빼돌린 첩자야!"

"그래, 그러니 알렉산드로스가 포키온의 말을 들은 거겠지!"

포키온은 억울했지만 진실을 밝힐 힘이 없었어. 결국 포키온은 감옥에서 독배를 마시고 죽음을 맞이했단다.

로마를 위대하게 만든
카이사르

미리 만나 보기

카이사르는 어떤 인물일까?

- 시대 고대 로마, B.C. 100 ~ B.C. 44
- 직업 정치가, 장군

가이우스 율리우스 카이사르는 로마의 유명한 정치인이자 장군, 그리고 작가였어. 카이사르는 귀족들 편에 서서 아부하는 대신 가난한 시민들을 위해 애썼지. 카이사르가 정치를 시작할 무렵 로마는 나라 안팎으로 어지럽기 그지없었어. 나라 밖으로는 카르타고, 이탈리아 등과 툭하면 전쟁을 벌였고 나라 안에서는 벌족파와 민중파라는 정치 세력이 다투고 있었거든.

카이사르는 숙부인 마리우스가 민중파 정치인이었기 때문에 어려서부터 정치에 관심을 두었어. 숙부인 마리우스의 라이벌은 술라라는 벌족파 정치인이었단다. 두 사람은 시도 때도 없이 싸웠어. 심지어 전쟁을 일으키기까지 했지. 술라의 공격으로 숙부인 마리우스가 죽은 뒤 카이사르의 아버지마저 숨을 거두었어. 소년 가장이 된 카이사르는 매우 힘든 생활을 해야 했지. 그럴수록 그의 마음속엔 로마를 다스려야겠다는 생각이 자리 잡게 되었어.

그럼 로마가 혼란스러울 때 권력을 잡아 로마를 위대하게 만든 카이사르에 대해서 함께 살펴보도록 하자.

이 세상에 마지막 남을 나라는 바로 로마라네!
지중해에서는 아무도 로마를 이기지 못하리!
로마는 영원히 크게 빛나리!

거대하고 위대한 도시 로마가 세워지고 발전하기까지 수많은 사람들의 노력이 있었단다. 그 가운데에서도 가장 많은 눈물을 흘린 건 아마 농부들일 거야.

농부들은 지중해 땅을 차지하기 위해 크고 작은 전쟁에 끌려 다녔단다. 그런데 전쟁이 끝나고 간신히 고향으로 돌아온 농부들은 절망할 수밖에 없었지. 농사짓던 땅은 잡초가 무성한 밭으로 변해 있고, 농기구들은 모두 낡고 헐어서 쓸 수 없게 되어 버렸던 거야.

오랫동안 사람의 손길이 닿지 않았으니 그럴 수밖에. 가난해진 농부들은 농사짓기를 포기하고 땅을 팔아 버렸지. 귀족들은 그 땅을 헐값에 사서 노예들에게 농사를 짓게 했어.

"이 녀석들, 게으름을 피우면 저녁밥도 없을 줄 알아!"

노예들은 날마다 구슬땀을 흘리며 힘들게 농사를 지었어.

땅을 잃은 농민들은 여기저기를 떠돌며 더욱 가난하고 힘든 생활을 해야 했지. 이때 나타난 정치인이 바로 카이사르와 폼페이우스, 크라수스였단다.

사람들은 뛰어난 장군 출신의 정치인인 세 사람에게 큰 기대를 걸었어. 썩어 문드러진 로마를 바로잡고 새로운 나라로 만들어 줄 거라고 기대했던 거야.

사람들의 인기를 얻은 카이사르와 폼페이우스, 크라수스는 셋이 힘을 합쳐서 '농지법'을 통과시켰어. 농지법은 귀족들이 한꺼번에 많은 땅을 갖지 못하게 하고 땅이 없는 사람들은 싼값에 땅을 살 수 있도록 해 주는 법이었어. 게다가 자기 땅 없이 소작으로 농사를 짓는 농민들에겐 세금을 낮게 거둬들이라는 조항도 들어 있었지.

농지법은 그라쿠스 형제가 통과시키고 싶어 했던 법이었어. 하지만 막강한 힘을 가진 귀족들이 그렇게 놔두지 않았던 거지. 카이사르와 폼페이우스, 크라수스 세 사람이 힘을 합쳐 농지법을 통과시키자 귀족들의 불만은 더욱 커졌어. 반대로 카이사르를 향한 사람들의 신임은 더욱 높아지게 됐지.

"세 사람의 지도자들 가운데 누가 제일 믿음직스러울까?"

"나는 카이사르 장군이라고 생각해!"

"맞아, 그분은 전투에서도 스스로 앞장서 적군을 무찔렀대! 그분을 존경하는 군인들이 엄청 많다지!"

카이사르, 그의 이름은 영어식으로 하면 줄리어스 시저이고, 라틴어로 하면 가이우스 율리우스 카이사르이지. 무슨 이름이 이렇게 기냐고? 당시 로마 사람들은 남자아이를 가이우스라고 불렀어. 영어로 '가이(guy)'가 남자라는 뜻이잖니. 그러니까 카이사르의 이름을 해석해 보면 이런 뜻이 돼. 율리우스 가문의 남자아이인 카이사르!

카이사르는 아주 부유하고 영향력 있는 정치인의 집안에서 태어났어. 아버지는 법무관이라는 직책을 맡고 있었지. 어머니의 집안도 으리으리했어. 어머니 아우렐리아 가문은 대대로 학자를 배출한 집안이었거든. 한마디로 카이사르는 마음만 먹으면 무엇이든 될 수 있는 집안에서 태어난 귀족이었던 게지.

그럼에도 불구하고 카이사르는 잘난 척을 하지 않았어. 전쟁터에선 일반 병사들과 똑같은 밥을 먹고, 똑같은 침대에서 불편하게 잠을 잤지. 여느 귀족들과는 다른 그의 모습에 백성들은 점점 마음을 열기 시작했어.

거기다가 카이사르의 싸움 실력은 아주 뛰어났지. 병사들을 인솔하는 능력도 탁월했어.

카이사르의 능력은 무려 7년째 이어지고 있던 갈리아와의 전쟁을 단숨에 끝낼 정도였어. 카이사르가 출전한 뒤부터 갈리아 지방에선 날마다 승전보가 들려왔지.

병사들을 중심으로 카이사르의 인기는 나날이 높아졌어.

"쳇, 이러다가 카이사르가 로마의 다음 지배자가 되는 거 아닌지 모르겠군."

"흥, 귀족이 품위 없게 평민들처럼 입고, 평민들처럼 먹다니!"

한편 카이사르의 인기가 높아지자 그를 탐탁지 않게 보는 귀족들이 늘어났지. 그 귀족들은 원로원이라는 정치 기구의 사람들이었어. 당시 원로원에서는 로마의 크고 작은 일을 결정했지. 그런데 카이사르의 인기가 나날이 높아지고 그의 말을 따르는 시민들이 늘어나자 두려워진 거야.

"도대체 카이사르는 왜 자기 재산을 가난한 사람들에게 빌려주는 겁니까?"

"그러다 그 돈을 못 받으면 어쩌려고 그런데요?"

"시민들의 인기를 얻기 위해 눈이 먼 거야. 별짓을 다 하는 거라고!"

카이사르는 땅을 잃고 갈 곳 없는 백성들을 위해 자신의 전 재산을 빌려주었어. 말이 좋아 빌려준 거지, 사실 거저 내놓은 것이나 다름없었어.

그러니 어땠겠어. 사람들은 가는 곳마다 카이사르의 이름을 외치며 환호했지. 원로원의 정치인들은 카이사르가 더 높은 인기를 얻게 될까 봐 두려웠어. 그래서 그의 친구이자 맞수인 폼페이우스를 찾아갔지.

그래, 폼페이우스는 한때 카이사르와 손을 잡고 '농지법'을 통과시킨 바로 그 인물이야.

"이보게 폼페이우스, 자네라면 카이사르보다 더 위대한 정치인이 될 수 있을 걸세!"

"그래, 카이사르를 없애고 자네가 그 자리를 차지해 버리게!"

원로원의 정치인들은 카이사르의 친구이자 라이벌인 폼페이우스를 향해 이렇게 말했어. 내심 카이사르에게 질투를 느끼고 있었던 폼페이우스는 귀가 솔깃했지.

"하지만 어떻게 해야 할까요? 카이사르는 흠잡을 데가 없을 정도로 아주 깨끗한 사람이란 말입니다."

"흠이 없다면 만들면 그만이지!"

원로원의 정치인들은 폼페이우스에게 카이사르가 몰래 반역을 꾸몄다고 거짓말을 하라고 일렀어. 카이사르가 전쟁으로 로마를 비운 지금이 기회라면서 말이야.

'그래, 지금이라면 카이사르가 없으니 어떤 말이든 지어낼 수

폼페이우스는 한때 카이사르와 손잡았지만 나중에는 대립하게 된단다.

카이사르 87

있어! 사람들의 눈을 가리고 오해를 만들 수도 있을 거야.'

이렇게 생각한 폼페이우스는 카이사르가 반역을 저질렀다는 소문을 흘리기 시작했어. 사람들은 청렴한 정치인이었던 폼페이우스의 말에 귀가 솔깃했지. 다른 사람이라면 몰라도 카이사르의 친구인 폼페이우스가 하는 말이니 진실인 것만 같았지.

"어머머, 세상에! 카이사르가 반역을 꿈꿀 줄은 꿈에도 몰랐어요!"

"겉으로는 깨끗한 정치인인 척하더니 속은 아주 음흉하기 그지없었네그려!"

한편 전쟁터에서 이 소식을 듣게 된 카이사르는 크게 화가 났어. 병사들도 참을 수 없는 일이라며 불같이 화를 냈지.

"장군님은 나라를 지키기 위해 멀고 먼 전쟁터에서 구슬땀을 흘리고 있는데 로마의 백성들은 장군님을 반역자로 몰다니!"

"폼페이우스, 그리고 원로원의 생쥐 같은 정치인들! 당장 돌아가서 그들을 없애 버리고 말겠어!"

카이사르는 군대를 이끌고 로마로 향했지.

카이사르가 끌고 가는 군대의 병사들은 겨우 5천여 명밖에 되지 않았어. 로마의 수도를 공격하기엔 턱없이 작은 숫자였지.

"장군, 어찌할까요?"

카이사르는 루비콘강 앞에 멈추어 선 채 오랫동안 생각에 잠겼어.

　루비콘강은 갈리아 지방과 로마 사이에 흐르는 강이야. 그 강을 건너면 전쟁이 시작되는 것과 동시에 카이사르와 병사들은 진짜 반역자가 되는 거였지. 하지만 이대로 병사들을 되돌려 갈리아 지방으로 떠나면 비록 카이사르는 반역자라는 오명은 남겠지만 병사들의 목숨만은 안전하게 지킬 수 있었어.

　'내가 이 적은 숫자의 병사들로 원로원의 정치인들이 가진 군대를 이길 수 있을까…….'

　고민하던 카이사르가 칼을 높이 빼 들며 말했어.

　"나의 병사들아, 주사위는 던져졌다. 나는 루비콘강을 건널 것이다. 두렵다면 이 자리에서 돌아가도 좋다!"

카이사르가 말한 주사위는 던져졌다는 말은 '이미 나는 결심을 했다!'라는 뜻이었지. 그 말을 알아챈 병사들은 일제히 함성을 지르며 루비콘강을 건너기 시작했어.

덕분에 카이사르의 "주사위는 던져졌다!"라는 말은 더 이상 되돌릴 수 없는 운명적 결정을 할 때 쓰는 말이 되었을 정도로 유명해졌단다.

한편, 로마의 원로원 정치인들은 두 눈이 튀어나올 정도로 놀라고 말았어. 설마 카이사르가 병사들을 이끌고 로마로 다시 쳐들어올 거라곤 상상도 못 했던 거야. 원로원의 정치인들은 폼페이우스를 찾아갔지.

"폼페이우스, 자네는 카이사르의 친구이니 그를 진정시킬 수 있겠지?"

"그래, 친구끼리 말을 좋게 나눠 보게나!"

"부디 카이사르가 우리를 죽이지 않도록 해 줘!"

그러나 폼페이우스도 겁을 먹긴 마찬가지였어. 그만큼 카이사르의 군대는 강력했던 거야. 결국 겁에 질린 폼페이우스도 달아나 버리고 말았지.

카이사르가 돌아왔을 땐 로마가 텅 빈 상태였어. 원로원의 정치인들도, 폼페이우스도 모두 꽁꽁 숨어서 그림자도 찾을 수 없었던 게지. 남은 정치인들은 카이사르에게 무조건 잘못했다며 백기를 들었어. 그 덕분에 카이사르는 피 한 방울 흘리지 않고 로마 최고의 지배자가 될 수 있었지.

하지만 수도를 버리고 도망친 폼페이우스는 가만히 있지 않았어. 폼페이우스는 카이사르를 미워하던 정치인들과 손을 잡고 군대를 일으켰지. 폼페이우스의 군대는 무려 반 년 넘게 카이사르의 군대와 대치하며 싸움을 계속했어. 그러다가 카이사르의 군대에 크게 패한 폼페이우스는 쥐도 새도 모르게 어디론가 도망치고 말았지 뭐야.

"카이사르 님, 이제 로마는 카이사르 님의 것입니다. 이제 독재관이 되었으니 조무래기 같은 폼페이우스는 더 이상 신경 쓰지 말고 로마를 다스리는 데 집중하십시오."

부하들은 독재관이 된 카이사르에게 이렇게 말했어.

독재관은 당시 로마의 최고 지위자를 말하는 것이었어. 황제나 다름없는 자리라고나 할까. 원래 독재관은 임기가 있었지. 일정 기한이 지나면 자리에서 내려와야 하는 것이었어. 하지만 카이사르는 독재관의 임기를 없애고 그 자리에 올랐지.

"지금은 비록 겁을 먹고 달아났지만 폼페이우스라면 언제든 나를 공격할 수 있을 거야. 그전에 잡아야 한다."

카이사르는 폼페이우스가 마음에 걸려서 두 발을 뻗고 잘 수가 없었어. 카이사르가 불안한 마음으로 끙끙거릴 때였어.

"장군, 폼페이우스가 이집트로 도망쳤다고 합니다."
"이집트라고?"

그 무렵 이집트는 클레오파트라 7세와 남동생 프톨레마이오스가 왕위를 놓고 아옹다옹 다투고 있었단다. 둘은 겉으론 아주 친한 척했지. 하지만 속으론 어떻게든 세력을 모아 서로를 공격할 기회만 엿보고 있는 사이였어. 그러니까 앞에서는 웃으며 악수를 하고 있지만 뒤로 감춘 한 손에는 칼을 쥐고 있다고나 할까.

"누님, 듣자하니 카이사르는 아주 대단한 군인이라고 합니다. 이제 로마는 카이사르의 것이에요. 그러니 우리가 먼저 폼페이우스의 목을 쳐 카이사르에게 바칩시다."

클레오파트라와 남동생은 폼페이우스를 죽여야 한다는 것만은 생각이 같았어. 둘은 카이사르가 군대를 이끌고 온다는 소식을 듣고 곧장 폼페이우스를 죽여 버렸지.

"어서 오십시오, 카이사르 독재관님!"

클레오파트라가 카이사르를 향해 예의 바르게 인사했어. 그리고 폼페이우스의 머리를 선물이라며 내밀었단다.

"카이사르 독재관님, 제가 이집트의 여왕이 될 수 있게 도와주세요. 그렇다면 저는 독재관님과 결혼하겠어요."

클레오파트라는 카이사르에게 이집트를 다스릴 힘을 달라고 애원했어. 클레오파트라의 아름다움에 흠뻑 빠진 카이사르는 그 말대로 해 주었지. 남동생을 죽이고 클레오파트라가 이집트의 여왕이 될 수 있게 이집트의 통치권을 클레오파트라에게 주었던 거야.

이때부터 카이사르는 로마를 다스리는 일도 나 몰라라 하고 클레오파트라와 함께 흥청망청 시간을 보내기 시작했어.

"쯧쯧, 유능한 정치인이자 군인이었던 카이사르가 여왕의 치마폭에 쌓인 어린아이가 되어 버리다니!"

"그러게, 이젠 클레오파트라의 말대로 하지 않으면 밥도 제대로 못 먹을 정도가 되었다지 뭐야."

카이사르는 이집트에 머물며 클레오파트라와 함께 지냈어. 로마를 돌보는 일 따위에는 관심도 없었지.

"클레오파트라! 당신과 함께 있으면 온 세상이 다 내 것인 것 같소!"

"그런데 이 일을 어쩝니까? 사람들이 독재관님이 이빨 빠진 호랑이가 되었다고 수군거리고 있어요."

"그래? 그렇다면 나의 무서움을 보여 줘야지!"

그 무렵 로마에서는 반란의 움직임이 일어나고 있었어. 카이사르를 반대했던 원로원의 정치인들이 모여 군대를 일으킬 꿍꿍이를 꾸민 거야.

"지금 카이사르는 클레오파트라에게 푹 빠져서 정신을 못 차리고 있어. 지금이 바로 그를 죽일 절호의 기회라고!"

"좋습니다, 군대를 일으켜 이집트를 공격합시다!"

원로원의 정치인들은 독재관이 된 카이사르의 명령을 따르는 게 몹시 못마땅했지. 그래서 호시탐탐 카이사르를 없앨 궁리를 세우고 있었지.

그런데 마침 카이사르가 이집트에 머물고 있으니 이보다 더 좋은 기회가 어디 있겠어! 그들은 당장 군대를 준비해 이집트로 쳐들어갔지.

하지만 도착했더니 카이사르의 군대가 떡하니 버티고 있지 뭐야.

"왔느냐, 보았느냐, 나는 너희를 이겼노라!"

카이사르는 원로원의 군대를 단숨에 무찔러 버렸어. 카이사르의 군대의 기세는 하늘을 찌를 듯 높아졌지. 그 기세를 몰아 카이사르는 어수선해진 소아시아와 아프리카 지방까지 군대를 몰고 갔어.

카이사르가 가는 곳마다 모두가 로마에 항복하겠다는 뜻을 밝혔어. 사람들은 더 이상 카이사르를 흉볼 수 없었어.

"카이사르야말로 로마 최고의 장군이야!"

"맞아, 카이사르가 황제가 된다 하여도 누구도 말릴 수 없을 거야!"

사람들은 모두 카이사르를 황제감이라며 칭송하기 시작했지. 이 모습을 본 로마의 정치인들은 두려움을 감출 수가 없었어.

"이러다간 로마가 통째로 카이사르의 것이 되겠어!"

"안 돼, 그것만은 막아야 해!"

황제 못지않은 힘을 갖게 된 카이사르는 로마를 바꾸기 시작했어. 카이사르는 원로원처럼 여러 명의 정치인들이 모여 회의를 하고 그 뜻대로 나라를 움직이는 걸 원치 않았지. 귀족들이 서로 짜고 단합해서 중요한 법을 멋대로 통과시키는 경우가 많았거든.

원로원의 정치인들은 자신들의 권력을 없애려는 카이사르가 눈엣가시 같았을 거야. 그들은 어떻게 하면 카이사르를 없앨 수 있을 것인가 고민하고 또 고민했지.

그러던 어느 날, 원로원의 정치인들은 카이사르의 오른팔인 브루투스를 부추기기 시작했어.

"브루투스, 넌 카이사르가 너를 아들처럼 아낀다고 생각하겠지만 사실은 그렇지 않단다."

"그게 무슨 말입니까?"

"실은 너를 어느 정도 이용하고 버릴 계획인 거야. 폼페이우스를 봐. 그렇게 친한 친구조차 인정사정없이 버린 이가 카이사르라고!"

 원로원의 정치인들은 브루투스에게 카이사르를 죽이라며 속삭였어. 처음엔 브루투스도 그들의 말을 귀담아듣지 않았지. 하지만 계속해서 의심스러운 말을 전해 듣다 보니 브루투스의 가슴에 의심이 생기고 말았지.

 결국 브루투스는 카이사르를 배신하고 말았어. 하필 카이사르를 죽이기로 공모한 장소가 폼페이우스가 만든 극장이었지 뭐야. 그곳에서 카이사르는 공화정과 원로원의 정치인들이 휘두른 칼에 쓰러지고 말았어.

 그들 중 마지막으로 카이사르의 등에 칼을 찌른 건 브루투스였지.

"윽! 브루투스, 너마저……!"
결국 카이사르는 이렇게 마지막 말을 남기고 숨을 거두었어.

재미있게 이해하기!

📖 카이사르의 마음을 사로잡은 클레오파트라 7세

카이사르가 처음부터 클레오파트라를 좋아했던 건 아니라고 해. 그도 그럴 것이 클레오파트라를 만날 당시 카이사르의 나이는 무려 쉰 살이었거든. 그때 클레오파트라의 나이는 스무 살이었고, 카이사르는 클레오파트라를 그저 어린 아가씨라고만 생각했지.

그러던 어느 날 카이사르는 커다란 카펫을 선물로 받았어. 이집트에서 온 선물이라 했지. 카펫을 풀자 그 속에서 클레오파트라가 '짠!' 하고 나타났어. 자신을 선물로 바친 거야. 클레오파트라의 재치와 지혜에 마음을 빼앗긴 카이사르는 그녀와 결혼해 아들까지 낳았단다.

📖 클레오파트라 7세는 어떤 인물이었을까?

클레오파트라 7세는 이집트의 수도였던 알렉산드리아에서 태어났어. 클레오파트라라는 이름은 그 시대 왕조 여인들에게 자주 애용된 이름이었지. 당시 수도 알렉산드리아는 그리스와 이집트 문명이 혼재된 독특한 문화를 꽃피워 가고 있었으며 세계의 도서관이라고 불리는 방대한 자료를 가진 왕실 도서관이 있었지. 그녀는 여기서 수많은 책을 읽었고 그렇기에 그녀의 지식을 따를 자가 없었다고 해. 게다가 훌륭한 언어 능력을 지니고 있었기에 수많은 나라의 언어를 구사할 수 있었다고 하지. 로마가 대제국으로 성장하여 이집트를 압박하는 상황에서 왕위에 오른 클레오파트라 7세는 강성한 로마에 맞서 자신의 왕가와 나라를 지키기 위해 지략을 펼쳐 나간 인물이란다.

📖 카이사르가 중국의 비단옷을 즐겨 입었다고?

로마의 지배자가 된 카이사르는 중국에서 가지고 온 비단으로 옷을 지어 입고 연극을 보러 가기도 했다고 해. 카이사르가 중국에서 온 비단을 구할 수 있었던 건 페르시아까지 이어져 있던 비단길 덕분이었어. 비단길을 이용해 중국의 비단을 살 수 있었던 거야.

📖 카이사르가 억지로 군인이 되었다고?

숙부인 마리우스와 아버지가 죽은 뒤 로마는 벌족파의 정치인 술라가 다스리는 세상이 되었어. 술라는 사사건건 카이사르와 집안사람들을 괴롭혔어. 심지어 무덤에 묻힌 마리우스의 시체를 꺼내 괴롭히기까지 했지.

결국 카이사르는 술라의 눈을 피해 소아시아까지 피신을 갔다가 로마로 돌아오기 위해 군인이 되었어. 아이러니하게도 이때 군대에서 병사들을 지휘한 경력이 훗날 카이사르가 로마를 지배하는 데 큰 힘이 되었지.

📖 카이사르가 로마에 여러 가지 업적을 남겼다고?

카이사르는 로마를 위해 크고 작은 일을 했어. 우선 전쟁에서 이기고 돌아온 카이사르는 특별한 돈을 만들었는데, 여기에 자기의 얼굴을 새겨 넣었단다. 사람들이 오래도록 자신을 존경하고 따르도록 하기 위한 일이었는데, 인물의 얼굴을 넣은 최초의 동전이 되었지.

또한 나라에서 일정한 양의 곡식을 사들이도록 하는 법도 만들었어. 가뭄이나 흉년이 들면 그 쌀을 싼값에 팔아 시민들의 생활을 안정시키려 했던 거야. 달력을 널리 쓰도록 명령하기도 했는데, 1년을 365일로 정하고 4년마다 윤년을 두기도 했어. 그 밖에도 카이사르는 부자가 가난한 사람에게 비싼 이자를 받고 돈을 빌려주지 못하도록 하는 법을 만들었단다.

> **주목할 인물**
> 알렉산드로스에게 지혜를 준 장군 **안토니우스**
> • 시대 고대 로마
> • 직업 정치가

카이사르가 죽었다는 소식을 들은 클레오파트라는 부랴부랴 이집트로 도망치듯 돌아갔어.

'지금 이집트의 왕은 카이사르의 아들인 카이사리온이야. 이 아이가 이집트를 다스리면 로마 사람들이 가만두지 않을 텐데. 어떻게든 방법을 찾아야 해!'

이렇게 생각한 클레오파트라는 카이사르의 뒤를 이어 로마를 다스리게 된 안토니우스를 이집트로 초청했어.

"부디 이집트로 와서 새로운 지도자를 뽑아 주셔요."

클레오파트라는 안토니우스에게 스스로 카이사르의 아들을 왕위에서 내쫓겠다고 약속했지. 안토니우스는 클레오파트라의 초청을 받아들였어. 그런데 이게 웬일이야. 이집트에 도착한 안토니우스 역시 클레오파트라를 보고 한눈에 반하고 말았어. 카이사르가 그랬던 것처럼 안토니우스도 클레오파트라의 아름다운 모습에 넋을 잃고 말았던 거지.

"굳이 새로운 지도자를 다시 뽑을 필요가 있겠습니까. 원한다면 지금처럼 클레오파트라가 나라를 다스려도 좋습니다."

클레오파트라를 사랑하게 된 안토니우스는 그녀에게 이집트의 통치권을 약속했을 뿐만 아니라 로마의 땅까지 주었지. 그러면서 클레오파트라에게 결혼해 달라고 졸랐어.

"부디 나와 결혼해 주세요!"

"좋아요!"
클레오파트라는 단번에 안토니우스의 청혼을 승낙했지. 이 사실을 알게 된 로마 시민들은 화가 났어.
"로마의 재산을 함부로 이집트인에게 주다니!"
"안토니우스는 로마의 배신자다!"
로마 사람들은 안토니우스를 추방해야 한다고 목소리를 높였어. 그러자 옥타비아누스라는 장군이 안토니우스를 붙잡아 오겠다며 군대를 이끌고 나갔지. 이윽고 옥타비아누스의 군대와 안토니우스의 군대는 악티움이라는 바다에서 치열한 전투를 벌이게 되었단다.
"로마를 배신한 안토니우스에게 본때를 보여 주어라!"
옥타비아누스의 군대는 안토니우스의 병사들을 단숨에 무찔렀어. 안토니우스는 자신의 병사들뿐만 아니라 이집트의 병사들까지 데리고 갔는데, 겁을 먹은 이집트의 병사들이 배를 버리고 도망쳐 버렸지 뭐야.
"윽! 배를 지켜라! 나를 지켜라! 나는 여왕의 남편이니라!"

안토니우스가 소리쳤지만 도망치는 병사들을 붙잡을 순 없었어. 결국 죽을 위기에 처하자 겁에 질린 안토니우스도 도망치고 말았단다.
"뭐라고? 안토니우스가 병사들을 버리고 도망쳤다고?"
옥타비아누스와의 싸움에서 안토니우스가 졌다는 사실을 알게 된 클레오파트라는 스스로 목숨을 끊었어.
홀로 남은 카이사르의 아들 카이사리온 역시 로마인의 손에 죽임을 당하고 말았지.
그렇게 카이사르도, 카이사르가 남긴 업적도 사라지게 되었단다.
만약 카이사르가 클레오파트라를 만나지 않았더라면 어땠을까? 훗날 사람들은 이런 말을 하며 안타까워했다고 해.
"클레오파트라의 코가 1센티미터만 낮았더라도, 그래서 그녀가 조금만 덜 아름다워 보였더라도, 로마의 역사는 지금과 달라졌을 텐데……."

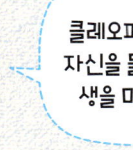

클레오파트라는 독사가 자신을 물게 하여 스스로 생을 마감했다고 해.

5

아테네의 민주주의를
지켜 낸 지도자

페리클레스

미리 만나 보기

페리클레스는 어떤 인물일까?

- **시대** 고대 그리스 아테네, B.C. 495? ~ B.C. 429
- **직업** 정치가, 장군

사람들은 페리클레스를 '아테네의 상징'이라고까지 말했어. 페리클레스라고 하면 아테네를 떠올렸고, 아테네라고 하면 페리클레스를 먼저 떠올릴 정도였지. 페리클레스는 사람들에게 아테네에 대한 자긍심을 가득 심어 주었어. 또 부모 모두 아테네 사람일 경우에만 아테네의 시민권을 주는 법을 만들 정도로 아테네 중심의 정책을 펼쳤지.

페리클레스는 말을 아주 잘하는 정치인이었어. 그가 말을 하면 사람들의 관심이 온통 한군데로 집중될 정도였지. 페리클레스가 정치를 할 무렵 아테네에서는 민주주의가 매우 발전하고 있는 상황이었어.

반면 이웃 나라인 스파르타는 더욱 강력한 군사 훈련을 바탕으로 국민들을 억압하고 있었지. 그런 데다가 페리클레스까지 명연설로 애국심을 고취시켜 주니 아테네 사람들은 큰 자긍심을 느끼고 나라를 자랑스러워했다고 해. 사람들은 페리클레스가 정치를 시작하고부터 펠로폰네소스 전쟁이 일어나기 전까지의 시기를 '아테네의 황금기'라고까지 부른단다.

여기 한 연설가가 광장에 서서 사람들을 향해 외치고 있어. 그가 무슨 말을 하는지 한번 들어 볼래?

"여러분, 우리 아테네의 시민들은 스파르타 사람들처럼 고된 군사 훈련을 억지로 받지 않습니다. 이것은 얼마나 아름다운 방식입니까!"

사람들은 환호하며 연설가의 말에 맞장구를 쳤지. 여기저기서 환호성이 터져 나왔고, 박수가 끊이질 않았어.

"여러분, 저기 저 스파르타 사람들은 어려서부터 쭉 강력한 군사 훈련을 받지만 번번이 아테네와의 전쟁에서 패하고 말았습니다. 그 까닭은 무엇 때문일까요? 그렇습니다. 아테네 사람들에겐 자유가 있고 스파르타 사람들에겐 자유가 없기 때문입니다."

"옳습니다!"

"와아!"

연설가의 말에 아테네 사람들이 크게 환호했지.

연설가 덕분에 사람들은 아테네를 더욱 자랑스럽게 여기게 됐어.

말 한마디로 사람들의 가슴에 애국심과 자긍심을 불러일으킨 이 위대한 연설가가 누구냐고? 바로 페리클레스란다.

페리클레스는 기원전 495년경 아테네에서 태어난 정치인이야. 페리클레스의 집안은 아테네에서도 아주 유명한 장군 집안이었지. 페리클레스의 아버지는 미칼레 전투에서 페르시아군을 보기 좋게 무찌른 크산티포스 장군이었어. 게다가 어머니는 아주 유명한 정치인들을 배출한 집안의 딸이었어.

"여보, 어젯밤 꿈에 제가 새끼 사자 한 마리를 낳았지 뭐예요."

페리클레스가 태어나기 전 크산티포스의 아내가 걱정스러운 듯 말했다고 해.

"사자라고?"

"사람이 사자를 낳다니! 뭔가 불길해요!"

"하하, 불길하긴! 그건 당신이 사자처럼 용맹하고 날쌘 아들을 낳을 거라는 예언이 틀림없소이다."

"정말 그럴까요?"

크산티포스의 말대로 그의 아내는 열 달 뒤 건강한 사내아이를 낳았지. 꿈에서 본 것처럼 용맹하게 생긴 아이였어. 이 아이가 바로 페리클레스야.

"사자가 동물들의 왕이 된 것처럼 이 아이도 훗날 자라서 아테네 사람들의 우두머리가 될 것이오!"

페리클레스는 부모님의 사랑을 듬뿍 받으며 자라났지. 그런데 페르시아 전쟁이 벌어지자 그의 아버지는 반역자로 몰려서 추방당하고 말았어. 반역자가 된 이유는 아버지가 생각 없이 내뱉은 말 한마디 때문이었지.

"페리클레스, 너는 말을 할 때 깊이 생각하고, 또 생각해야 한다. 사람들에게 말을 할 땐 그 말이 어떤 화살이 되어 너에게 돌아올지 항상 고민해야 해."

"네, 어머니!"

그렇게 말을 조심하며 자라서일까? 어른이 된 페리클레스는 아주 훌륭한 능력을 갖고 있었어. 그것이 무엇이냐고? 누구든 그와 5분 이상 이야기를 나누다 보면 그에게 흠뻑 빠져들게 만들 수 있는 능력이었지. 그만큼 말을 잘했던 거야. 사람들은 페리클레스의 이야기를 듣고 자기도 모르게 고개를 끄덕일 때가 많았어.

스물세 살이 된 페리클레스는 자신의 장점을 살려서 정치를 하기로 결심했어. 페리클레스는 아테네를 진정한 민주 국가로 만들고 싶었던 거야.

페리클레스의 인기는 단숨에 하늘을 찌를 듯 높아졌지. 권력을 얻은 페리클레스는 행동을 조심하고 또 조심했어.

"페리클레스, 우리 집에 놀러 와 주시오."

"안 됩니다. 저는 귀족이나 부자 들과는 절대 식사를 같이하지 않습니다."

"페리클레스, 내일 광장에서 연설을 부탁해도 될까요?"

"안 됩니다. 요즘 제가 말을 지나치게 많이 했어요. 저보다 훨씬 잘하는 연설가를 추천해 드리겠습니다."

페리클레스는 항상 겸손하고 조심스럽게 행동했어. 모든 행동 하나하나에 주의를 기울였던 게지.

"페리클레스는 참 멋진 사람인 것 같소."

"맞아요, 연설을 할 때는 얼마나 달콤하고 부드러운지 그의 말이 내 목구멍 속으로 꿀꺽 들어오는 것 같지 뭐요."

"하하, 페리클레스 같은 인재가 우리 아테네에 있다는 게 정말 큰 축복이오!"

페리클레스가 정치를 할 무렵 아테네는 스파르타와 사사건건 맞서고 있었어. 아테네는 소아시아까지 차지하고 주변의 크고 작은 나라들을 하나로 합치기 시작했어. 아테네의 힘은 점점 강해졌지. 그러자 이웃 나라인 스파르타 사람들은 불안해지기 시작했단다.

"혹시 아테네가 우리 나라까지 쳐들어오면 어떡하지?"

"에이, 설마!"

사실 스파르타 사람들은 시민 한 명, 한 명이 모두 잘 훈련을 받은 군인이라 해도 과언이 아니었어. 그도 그럴 것이 스파르타 사람들은 남자든 여자든 어려서부터 의무적으로 군사 훈련을 받아야만 했거든.

반면 아테네 사람들은 어려서부터 혹독한 훈련을 받으며 살아가는 스파르타 사람들을 한심하다고 생각했어. 자유롭게 살 수 있는 권리를 누리는 대신 엄격한 훈련만 계속해야 했으니까 그렇게 생각한 거지. 심지어 스파르타 사람들은 왕의 허락 없이는 다른 나라와 무역도 마음대로 할 수 없었어. 군대의 병사들이 대장의 명령에 따라 움직이듯이, 백성들은 왕의 명령에 따라 움직여야만 했지. 모든 것이 민주적이고 자유로운 아테네와는 정반대였던 거야.

"여러분, 스파르타 사람들은 일곱 살이 되면 군대에 들어가 노인이 될 때까지 훈련을 받아야 합니다. 심지어 여자도 건강한 아이를 낳을 수 있도록 억지 훈련을 받아야 하고요. 하지만 우리 아테네는 어떻습니까? 노예도 열심히 일하면 자유로워질 수 있는 기회의 나라입니다."

"와아!"

"아테네 만세!"

페리클레스는 날마다 광장에서 사람들을 향해 아테네의 위대함에 대해 연설했어. 페리클레스의 말을 들은 사람들은 아테네를 자랑스러워하게 되었지. 덕분에 아테네의 국력은 나날이 높아졌어. 반대로 사람들을 가두다시피 하여 훈련시키는 스파르타의 힘은 날이 갈수록 약해졌지 뭐야.

"에잇, 아테네 놈들! 언젠간 그 잘난 척하는 코를 납작하게 만들어 줄 테다!"

스파르타의 귀족들은 호시탐탐 아테네와 싸울 기회만 엿보았지.

한편 페리클레스는 날마다 시민들을 위해 무슨 일을 하면 좋을 것인가를 고민했어.

"아테네 시민 여러분, 저는 극장의 관람 비용을 무료로 만들 것입니다. 가난한 시민들도 자유롭게 연극을 감상할 수 있어야 하니까요!"

페리클레스는 극장 관람 비용을 나라가 부담하도록 했어. 이 소식을 들은 사람들은 몹시 기뻐했지.

"아테네 시민 여러분, 지금 우리는 아르콘을 선출할 때 돈이 있는 사람만 투표를 할 수 있습니다. 이것은 민주적인 방법이 아닙니다."

아르콘은 아테네에서 아주 큰 권력을 가진 공무원이야. 아르콘은 모두 아홉 명인데, 투표를 통해 선출되었지. 그런데 아르콘의 투표권을 가지려면 집에 말이 있어야 하고, 말을 키울 때 내는 세금을 나라에 바칠 수 있을 정도로 부자여야만 했어.

"지금 아르콘의 투표권을 가난한 시민들에게도 주겠단 말입니까?"

"당연히 그래야지요! 시민의 대표를 뽑는 일인데 부자만 투표권을 갖고 가난한 사람은 투표조차 할 수 없다는 게 말이 되는 얘깁니까?"

　페리클레스의 제안으로 아테네 사람들은 누구든 투표를 할 수 있게 됐고, 정치에도 참여할 수 있게 되었지. 이로써 아테네에서 오늘날과 같은 민주주의가 시작되었다고 해도 과언이 아닐 거야.

　페리클레스는 가난한 시민들을 돕기 위한 여러 가지 법도 만들었어. 도시를 새로 세우고 그곳에 가난한 사람들이 터를 잡고 살 수 있도록 했지. 또 파르테논 신전을 세우는 등 여러 건축물을 만들어서 사람들이 일할 수 있도록 돌봤어.

그는 언제나 귀족들보다는 가난한 사람들의 편에 서서 일을 처리하려고 애썼지. 그 덕분에 아테네의 민주주의는 세계에서 최고라고 해도 과언이 아닐 정도로 발전하게 되었어.

"여러분, 몇몇 힘 있는 사람들의 의견으로 나라를 다스리는 것이 아니라 모두의 의견을 합하여 정치를 하는 것을 민주주의라고 합니다. 다른 나라 사람들은 우리 아테네를 '민주주의 꽃'이라며 부러워하고 있습니다."

"이게 다 페리클레스 덕분이죠!"

"페리클레스 만세!"

"여러분, 제가 약속드립니다. 아테네에서는 가난한 사람이든 부유한 사람이든 관계없이, 누구나 공평하게 관직에 오르고 정치를 할 수 있게 될 것입니다!"

페리클레스가 한마디 한마디를 할 때마다 사람들은 환호하며 기뻐했어. 그는 시민들이 가려웠던 곳을 쓱쓱 긁어 주는 속 시원한 말들만 해 주었지.

"역시 우리를 생각해 주는 건 페리클레스밖에 없어!"

"페리클레스가 최고야!"

사람들은 모였다 하면 페리클레스를 칭찬했어. 그 덕분에 그의 인기는 하늘을 찌를 듯 높아지게 되었지.

하지만 빛이 있으면 어둠이 있는 법. 페리클레스의 인기가 높아지자 그를 질투하는 귀족들이 생겨났어.

"흥, 페리클레스 녀석. 사람들에게 잘 보이고 싶어서 몸이 근질근질한가 봐."

"그러게. 입만 열었다 하면 시민들을 위한 일을 해야 한다고 자랑을 하다니! 도대체 우리의 권한을 왜 시민들에게 나눠 줘야 한다는 거야?"

그러던 어느 날 아테네와 스파르타가 전쟁을 하게 됐어. 이 전쟁이 어째서 일어나게 됐는지 설명하려면 아테네 주변 나라에 대해 먼저 알아야 해.

그리스는 아테네와 스파르타를 중심으로 크고 작은 나라가 모여 있었지. 그리고 아테네 옆에는 페르시아라는 큰 나라가 있었어. 페르시아를 다스리는 왕은 다리우스였어.

"아테네 것들, 민주주의다 뭐다 하며 왕이 없이도 백성들이 잘 살 수 있는 나라를 만들려고 한다지? 그건 왕인 나를 모욕하는 짓이야!"

자신의 왕권이 위태로워질 수도 있다고 생각한 다리우스왕은 아테네를 정복하려 했어. 그래서 수많은 군대를 이끌고 아테네로 쳐들어갔단다.

"어떡하죠? 다리우스의 군대가 아테네를 정복하면 주변 나라들도 위험에 빠질 겁니다!"

"이럴 게 아니라 주변 나라들이 힘을 합쳐 아테네를 도와야 하는 거 아닐까요?"

이렇게 해서 주변 나라들은 아테네를 지키기 위해 동맹을 맺었어. 이것을 '델로스 동맹'이라고 한단다.

마침내 다리우스왕의 군대가 아테네로 쳐들어왔어. 아테네는 동맹 국가들과 함께 페르시아 군대에 맞서 싸웠지. 결과는 아테네의 대승리였어.

"이게 다 페리클레스가 나라를 잘 다스렸기 때문이야! 얼마 전에 사람들에게 일자리를 만들어 주겠다며 성벽을 새로 쌓는 사업을 했잖아."

"맞아, 그 성벽 덕분에 다리우스왕의 군대를 막을 수 있었던 거야!"

델로스 동맹에 참여한 나라들은 붉게 달군 쇳조각을 바다에 던지며 이 쇳조각이 바다 위로 떠오를 때까지 동맹에 충실하겠다고 맹세했대.

그래, 페리클레스가 가난한 사람들을 위해 벌인 사업이 아테네를 지키는 데 단단히 큰 몫을 했던 거야. 페리클레스의 인기는 더욱 높아졌지.

시간이 흐르자 아테네 국민들은 아테네가 세상에서 가장 강한 나라라고 생각하기 시작했어. 심지어 다른 나라는 아테네처럼 민주적인 발전을 이룰 수 없을 거라고 생각했어. 아테네 사람들의 자부심이 점점 도를 넘기 시작했지.

"훗, 우리 아테네 말고 다른 나라는 전부 조무래기들이라고."
"맞아, 다른 나라는 아테네가 없으면 페르시아로부터 공격을 받게 될 힘없는 나라들이라고!"

아테네 사람들의 자만심이 커져 갈수록 주변 나라들의 불만도 커지게 됐어. 급기야 다른 나라에선 아테네가 위험에 빠지더라도 절대 돕지 말자는 의견이 나올 정도였지.

"아테네는 너무 제멋대로야."
"그래! 이젠 전쟁도 안 나는데, 그만 동맹에서 빠져야겠어."

그렇게 수많은 동맹국이 아테네로부터 등을 돌리고 말았지. 이 모습을 호시탐탐 지켜보고 있던 스파르타는 음흉한 미소를 지었어.

"훗, 아테네 녀석들! 잘난 체하고 우리를 비웃더니 꼴좋다!"
"이럴 게 아니라, 이참에 아테네를 공격하자고!"

"좋아, 아테네의 코를 납작하게 만들어 버리자!"

평소 아테네와 툭하면 비교를 당했던 스파르타 사람들은 전쟁을 일으키기로 마음먹었어. 이렇게 해서 벌어진 전쟁이 바로 '펠로폰네소스 전쟁'이란다.

펠로폰네소스 전쟁 첫해에 페리클레스는 전사자를 위한 추도 연설을 했단다.

전쟁이 벌어진 초반에는 아테네의 기세가 더 강했어. 아테네 사람들은 단숨에 스파르타의 군인들을 무찌를 듯 공격했지. 페리클레스는 다른 시민들을 지키기 위해 성문을 활짝 열어젖혔어.

"아테네 사람은 누구든 성안으로 들어오십시오!"

페리클레스의 외침에 사람들은 너도나도 성안으로 들어왔지.

"우리를 안전하게 지켜 줄 사람은 페리클레스밖에 없어!"

"페리클레스 만세!"

페리클레스는 전쟁이 매우 길어질 거라고 생각했어. 스파르타 사람들이 쉽게 물러서지 않을 거라고 짐작했던 거야. 그의 예상대로 이 전쟁은 약 30년 동안이나 이어졌지.

"시간을 끌면 끌수록 우리에게 유리할 겁니다. 성문을 닫고 적이 쳐들어오지 못하도록 방어하며 기다립시다."

"페리클레스의 말에 따르겠습니다!"

시민들은 페리클레스가 시킨 대로 성문을 꽁꽁 걸어 잠그고 스파르타의 공격을 방어하기만 했어.

"크크, 스파르타 녀석들! 우리가 왜 싸우러 나오지 않는지 궁금해 환장하겠지?"

"우린 성안에서 꼼짝도 하지 않을 거야."

"그래, 그러면 저 녀석들이 지쳐서 먼저 항복하게 될 테니까!"

페리클레스와 아테네 사람들은 스파르타 사람들이 자기들보다 참을성도 없고 끈기도 없을 거라고 생각했어. 그리고 먹을 것을 구하기도 어려우니 금방 지쳐서 항복할 거라고 생각했지. 하지만 뜻밖의 일이 벌어졌어. 성안에 머물고 있던 아테네의 군인

페리클레스

은 물론이고 시민들까지 시름시름 앓기 시작했지 뭐야.

사람들은 알 수 없는 병에 시달리기 시작했어. 이게 대체 무슨 일이냐고? 여러 사람이 한꺼번에 모여 있는 곳인 데다가 위생 상태가 깨끗하지 못했기 때문에 끔찍한 전염병이 퍼지고 말았던 거지.

"살려 줘!"

"윽, 성안에 시체가 가득 쌓였어! 이대로 가다간 우리 모두 죽게 될 거야!"

페리클레스 역시 병에 걸려서 시름시름 앓고 있었어. 하지만 아테네에는 그의 정치력과 지휘력을 대신할 만한 사람이 없었지. 그래서 사람들은 계속해서 아테네를 이끌어 달라고 간곡하게 부탁했어. 페리클레스는 성품이 어질고 온유해서 심한 정치적 위기에 처했을 때나 개인적으로 욕설을 들었을 때도 도무지

흔들림이 없었거든.

그런 페리클레스가 결국 세상을 떠나자, 아테네 시민들은 큰 충격을 받고 몹시 안타까워했단다. 페리클레스가 없는 아테네는 곧 심한 부정부패에 뒤덮이게 돼.

재미있게 이해하기!

📜 스파르타는 왜 펠로폰네소스 전쟁을 일으켰을까?

아테네는 테베, 아르고스 등은 물론이고 스파르타와도 동맹을 맺고 있었어. 페르시아의 공격을 막기 위해서였지. 그런데 아테네의 힘이 점점 강해지자 스파르타는 불안하고 초조해졌어. 이대로 가다간 아테네가 동맹국의 우두머리가 되어 제멋대로 행동을 할 것 같았던 거야.

스파르타는 아테네에게 겁을 주기 위해 동맹에서 나갔어. 그러나 아테네 사람들은 아랑곳하지 않았지. 그러자 위기를 느낀 스파르타는 전쟁을 일으켜 아테네를 공격했단다. 이것이 펠로폰네소스 전쟁이야.

📜 스파르타가 전쟁에서 이길 수 있었던 게 전염병 때문이라고?

처음엔 스파르타와의 전쟁에서 아테네가 우위를 보였어. 그런데 아테네에 전염병이 도는 바람에 수많은 시민들과 페리클레스가 목숨을 잃었지 뭐야. 계속된 전쟁에도 불구하고 사치스러운 생활을 일삼았던 아테네 사람들은 경제적으로도 큰 어려움에 처했어.

그동안 아테네 사람들은 지나치게 자신감만 넘쳤지, 위기 상황에 제대로 대비하지는 않았거든. 아테네 사람들은 뒤늦게 자신들의 오만함을 후회했지만 소용없는 일이었지.

주목할 인물
스파르타 편에 선 알키비아데스

- 시대 고대 그리스의 아테네
- 직업 장군

시간이 흘러 아테네를 뒤흔들었던 전염병도 어느새 잠잠해졌지. 아테네 사람들은 당장 스파르타와의 전쟁을 다시 해야 한다고 우겼어. 이때가 기원전 415년이었단다.

"알키비아데스! 당신이 군대를 이끌고 시칠리아섬으로 가서 스파르타 녀석들의 식량을 모두 가져오시오!"

"알겠습니다!"

아테네군의 지휘관인 알키비아데스는 정치인들의 뜻에 따라 시칠리아섬으로 떠났어. 그런데 알키비아데스가 전쟁을 하고 있는 동안 아테네에서는 어이없는 일이 벌어졌단다. 글쎄, 다른 정치인들이 알키비아데스를 헐뜯고 모함했던 거야.

"알키비아데스는 신을 존경하지 않는 아주 건방진 장군이오."

"어째서요?"

"신에게 올리는 제사를 건방지게 비웃는 걸 보았소!"

"맙소사, 그런 일을 저지르다니! 그자가 시칠리아섬에서 돌아오면 반드시 죗값을 물어야만 해요!"

"옳소!"

아테네 사람들은 신을 제대로 모시지 않은 알키비아데스를 재판에 넘겨야 한다고 소리쳤어. 이 사실을 알게 된 알키비아데스는 스파르타와의 전투에서 백기를 들고 항복해 버렸지.

"저는 아테네 군인의 수, 무기 상황은 물론 군사들의 작전까지 모두 알고 있습니다."

"오호!"

알키비아데스는 스파르타의 군영으로 가서 아테네의 작전을 모두 말해 버렸어. 아테네는 스파르타와의 전투에서 크게 패하고 말았단다.

"아직 포기할 때가 아니야! 우리에겐 해군이 있다고!"

"맞아, 땅에선 비록 졌지만 바다에서만큼은 우리가 스파르타 녀석들을 이길 수 있을 거야! 우리 아테네의 해군은 최고니까!"

아테네 사람들은 아주 강력한 해군을 보유하고 있었어. 사람들은 해전에 약한 스파르타를 이기는 건 시간문제라고 생각했지.

그런데 아테네의 해군은 바다에서도 어이없이 지고 말았지 뭐야.

"저, 저기 좀 봐! 스파르타의 함대가 우릴 쫓아오고 있어!"

"윽! 도망쳐라!"

아테네의 해군은 부랴부랴 도망치기 시작했어. 하지만 막강한 힘을 가진 스파르타의 함대를 당해 내긴 역부족이었지.

결국 바다에서도 크게 패한 아테네는 스파르타에 항복할 수밖에 없었어.

"제발 목숨만은 살려 주시오!"

"스파르타 만세!"

이렇게 해서 펠로폰네소스 전쟁은 끝이 났단다.

아테네가 스파르타에 패하면서 그리스의 민주주의는 아주 쇠약해지고 말았지. 또 주변의 도시 국가들도 스파르타의 힘에 억눌려 항복하게 되었단다.

아테네 사람들은 이렇게 말하며 땅을 치고 한탄했지.

"아! 페리클레스만 살아 있었더라도 스파르타에 지는 일은 없었을 텐데……!"

6
로마를 개혁한 용감한 정치가
그라쿠스 형제

미리 만나 보기
그라쿠스 형제는 어떤 인물일까?

- 시대 고대 로마, 티베리우스 B.C. 163 ~ B.C. 133, 가이우스 B.C. 154? ~ B.C. 121
- 직업 정치가

로마의 귀족들은 포에니 전쟁으로 거둬들인 수많은 금은보화를 독차지했어. 귀족들의 재산은 나날이 늘어났지. 하지만 계속된 전쟁으로 농사를 짓지 못해 땅은 황폐해졌고, 먹을 것을 구하지 못한 평민들은 땅을 버리고 노예가 되기를 자청했어. 이때 개혁을 하려 했던 인물이 그라쿠스 형제란다.

형인 티베리우스 그라쿠스는 기원전 163년에 태어났어. 티베리우스는 가난한 로마의 백성들을 위해 '농지법'이라는 걸 만들었어. 한 사람이 살 수 있는 땅의 양을 정하고 그 이상의 땅을 갖지 못하게 만들려고 했던 거야. 농지법을 추진하려 하자 귀족들은 불같이 화를 냈어. 반대로 평민들은 이 법을 아주 적극적으로 지지하고 응원했지. 평민들은 귀족들이 싼값에 땅을 사들이고 대형 농장을 만들어서 노예들을 거느리는 일에 반대하고 있었거든.

결국 티베리우스는 귀족들의 손에 죽임을 당하고 동생 가이우스 그라쿠스가 그 뒤를 이어 호민관이 되었어. 가이우스는 형이 추진하려던 농지법 말고도 여러 가지 법을 만들었지.

자, 그럼 로마를 개혁하고자 했던 그라쿠스 형제에 대한 이야기를 들려줄게. 한번 따라와 볼래?

사람들은 로마를 매우 크고 화려한 나라라고 생각하지. 그런데 로물루스가 로마를 세울 때는 도시 크기 정도의 작은 나라였단다. 이 나라가 발전하여 로마 제국이 된 거지.

로마가 발전한 건 원로원 덕분이었어. 처음엔 로마도 왕이 다스리는 나라였지. 하지만 귀족들이 모여 만든 원로원이 발전한 덕분에 왕이 없어도 귀족과 백성이 어울려 평화롭게 살아가는 나라가 되었어.

"지금의 로마 땅은 척박하기 그지없어요. 더 기름지고 비옥한 땅을 차지해야 합니다."

"옳습니다! 지중해 주변의 땅을 차지합시다!"

로마 주변을 보면 지중해 주변만큼 기름지고 풍요로운 곳은 없었어. 로마 사람들은 모두 지중해를 정복해야 한다고 생각했지. 하지만 그 무렵 지중해의 주인은 카르타고라는 나라였어. 카르타고는 육군이 약한 편이었지만 해군은 몹시 강했단다. 해군의 힘이 매우 약했던 로마는 감히 카르타고 군대와 맞서 싸울 엄두가 나지 않았어.

그때 한 장군이 아이디어를 냈지.

"갈고리로 배를 끌어당긴 다음 갑판 위로 올라가서 싸우면 어떻겠습니까? 우리의 병사들은 땅에서는 누구보다 잘 싸웁니다. 갑판에서 싸우는 연습을 한다면 반드시 이길 수 있을 것입니다."

이렇게 해서 로마의 병사들은 흔들리는 갑판에서 전투하는 훈련을 받기 시작했단다.

병사들이 자신감을 갖게 되자 로마는 전쟁을 시작했어. 이것이 무려 백 년 동안 계속된 포에니 전쟁이란다. 포에니 전쟁에서 승리한 덕분에 로마는 지금의 이탈리아반도를 모두 차지할 수 있었지.

포에니 전쟁이 한창이던 때의 일이야.

로마에는 남편을 일찍 여의고 자식 둘을 혼자 키우며 살아가는 귀족 부인이 있었지. 그녀의 이름은 코르넬리아였어. 남편이 없으니 코르넬리아의 집안 살림은 팍팍하고 어려웠어. 하지만

모두 우리 로마 땅이다!

코르넬리아는 내색하지 않고 꿋꿋하게 생활했단다.

"코르넬리아 부인! 부인은 왜 그렇게 초라한 차림으로 다니는 거예요?"

"맞아요, 귀족이니 당연히 평민보다 화려하고 아름다운 옷차림을 해야죠."

귀족들은 마치 평민처럼 가난하게 살아가는 코르넬리아를 헐뜯고 손가락질했어. 하지만 코르넬리아는 조금도 부끄러워하지 않았지.

"괜찮아, 가난보다 더 부끄러운 건 어려운 사람들을 도울 줄 모르는 마음이란다."

"네, 어머니!"

"명심할게요!"

코르넬리아에겐 세상 누구보다 사랑스럽고 듬직한 아들이 둘이나 있었어. 코르넬리아는 비록 다른 귀족 부인들처럼 값비싸고 화려한 보석을 갖진 못했지만 그보다 더 귀한 두 아들이 있는 것만으로 충분하다고 생각했어.

"너희는 세상에서 가장 값진 일을 하는 사람이 되어야 한다!"

코르넬리아의 바람대로 두 아이는 훗날 로마에서 아주 유명한 정치가가 된단다. 사람들은 코르넬리아의 두 아들을 '그라쿠스 형제'라고 불렀지.

그라쿠스 형제가 태어나기 전에 있었던 일이야. 귀족은 보통 귀족들과 결혼하기 마련인데 코르넬리아는 달랐단다. 귀족 대신 가난한 평민인 티베리우스 그라쿠스와 결혼을 결심한 코르넬리아는 아버지 스키피오 아프리카누스에게 이렇게 말했지.

"아버지, 저는 별 볼일 없는 귀족보단 나라에 충성할 줄 알고 뛰어난 전투 실력을 가진 평민이 더 낫다고 생각해요. 제 뜻을 허락해 주세요."

스키피오 아프리카누스는 포에니 전쟁에서 큰 공을 세운 장군이었어. 그는 로마 사람들의 존경을 한 몸에 받고 있었지.

"대체 네가 선택한 그 남자가 누구이냐?"

"티베리우스 그라쿠스예요, 아버지."

"세상에, 나도 그를 너의 신랑감으로 점찍어 두었단다!"

스키피오 장군은 티베리우스의 인품에 대해 잘 알고 있었어. 그는 비록 귀족은 아니지만 뛰어난 장수였지. 평소 티베리우스의 행동을 유심히 살펴본 스키피오 장군은 딸을 티베리우스와 결혼시키고 싶다는 생각을 하고 있었던 터였어. 그런데 코르넬리아가 먼저 티베리우스와 결혼하겠다고 하니 어깨춤이 절로 나왔지 뭐야.

"좋다, 결혼을 허락하마."

이렇게 해서 명망 높은 귀족인 스키피오 장군은 보잘것없는 신분이었던 티베리우스를 사위로 들이게 되었지.

"맙소사, 평민 사위를 맞이하다니! 스키피오 장군의 머리가 어떻게 된 거 아니에요?"

"더군다나 이집트의 왕이 코르넬리아에게 청혼까지 했다면서요!"

"왕족이 될 기회를 마다하다니!"

사람들은 스키피오 장군의 행동을 이해할 수 없다며 혀를 끌끌 찼지.

"야, 너희들의 아버지는 평민이라며?"

"아버지가 평민이면 너희도 평민일 뿐이야!"

"맞아, 평민이 감히 귀족 흉내를 내다니!"

그라쿠스 형제는 어려서부터 다른 아이들에게 따돌림을 당해야만 했지. 하지만 그라쿠스 형제는 매우 당당했어.

"우리 아버지는 전쟁터에서 큰 공을 세운 덕분에 집정관까지 지낸 분이야!"

"집정관을 지낸 사람은 귀족으로 대접해 준다는 거 잘 알지? 그러니까 우린 너희들과 마찬가지로 귀족이라고!"

그러나 전쟁터에서 누구보다 날쌔고 용감하게 행동했던 티베리우스는 전투에서 병사들을 이끌다가 죽음을 맞이했어.

그라쿠스 형제는 아버지가 돌아가신 뒤로 다른 귀족들에게 더 큰 따돌림을 받았어. 하지만 둘은 아랑곳하지 않았지. 어머니인 코르넬리아의 가르침 때문이었어.

"명심해, 보석이나 돈으로도 살 수 없는 것이 있단다. 그건 바로 긍지와 자존심이야. 너희 아버지는 비록 귀족은 아니었지만 세상에서 그 누구보다 강한 긍지와 자존심을 지닌 분이었어."

"네!"

"절대 아버지의 이름에 먹칠하지 않는 그런 아들이 되겠어요!"

로마 땅이 지중해를 몽땅 차지할 정도로 커진 건 그라쿠스 형제의 아버지인 티베리우스 덕분이라 해도 틀린 말이 아닐 거야. 그런데 땅이 커지자 문제가 하나둘 생겨나기 시작했지. 오히려 땅을 잃고 떠도는 사람이 늘어난 거야. 오랜 전쟁으로 농사를 제대로 지을 수 없게 된 사람들은 고향을 버리고 도시로 몰려들었지. 도시엔 부랑자들이 가득했어.

반대로 버려진 땅이 늘어나면 늘어날수록 귀족들은 부유해졌지. 그들은 헐값에 땅을 사들여 큰 이득을 남겼어.

집도 없고, 갈 곳도 없는 사람들은 귀족들의 노예가 되었지. 귀족들은 노예들을 소처럼 마구 부려 먹었어.

"더 열심히 일해라! 게으름을 부리면 밥도 없을 줄 알아!"

귀족들은 노예들을 향해 채찍을 휘둘렀어. 노예들의 생활은 날이 갈수록 처참해졌지. 그런 모습을 본 그라쿠스 형제는 가슴이 아팠어.

아버지가 목숨을 바쳐 넓힌 로마의 땅이 귀족들의 손아귀에 전부 넘어가는 모습을 그냥 두고 볼 수 없었던 거야.

그라쿠스 형제 중에서 큰형의 이름은 아버지와 똑같은 티베리우스 그라쿠스였어. 아버지를 존경했던 어머니가 같은 이름을 지어 준 것이었지.

티베리우스는 귀족들을 향해 따끔하게 말했어.

"부당한 방법으로 부자가 된 사람들은 재산을 모두 내놓아야 합니다. 불법으로 벌어들인 돈을 빼앗고 노예를 해방시켜야 합니다!"

티베리우스는 부자인 귀족들이 평민의 땅을 마음대로 빼앗지 못하도록 하는 법을 만들기까지 했어. 가난하고 힘없는 사람들은 티베리우스를 향해 만세를 불렀지. 하지만 귀족들에게 티베리우스는 눈엣가시 같은 존재였을 거야.

"에잇, 진짜 귀족도 아닌 주제에 귀족처럼 발언권을 갖다니!"

"제까짓 게 나랏일에 대해 뭘 안다고 나서는 거야?"

귀족들의 불만은 점점 더 커져 갔어. 귀족들은 티베리우스가 만든 법을 통과하지 못하게 만들려고 안간힘을 쓰기 시작했지.

"흥, 저 녀석, 겉으론 불쌍한 사람들을 돕는 척하지만 돌아서면 돈을 흥청망청 쓰고 다닐 게 뻔해!"

"어디 그뿐이겠어? 다른 사람을 괴롭히는 일도 서슴지 않을 거야! 겉으로만 친절한 척할 뿐이라고."

귀족들은 티베리우스가 먹는 음식, 입는 옷, 하는 행동 하나하나를 트집 잡으려고 두 눈을 부릅떴지. 하지만 웬걸! 티베리우스는 누구보다 검소하게 살았어. 비록 귀족이 되었지만 평민들에게도 친절하고 겸손하게 행동했지.

"에잇, 두고 보자!"

귀족들은 티베리우스에 대한 나쁜 소문을 퍼트리기 시작했어.

그러나 소문 따위는 티베리우스의 행보에 조금도 방해가 되지 않았어. 티베리우스는 평민들에게서 큰 지지를 받으며 회의장에 들어섰지.

"로마 시민 여러분, 귀족들이 가진 땅을 모두 빼앗아 가난한 사람들에게 나눠 주는 법을 만들겠습니다!"

티베리우스의 말에 평민들은 환호했어.

"티베리우스 그라쿠스 만세!"

"역시 아버지가 평민이어서 그런지 우리 마음을 누구보다 잘 아는 것 같아!"

"나는 로마의 정치인들 가운데 티베리우스만 한 사람은 한 명도 없다고 생각해!"

사람들은 어딜 가나 티베리우스를 칭찬했지.

마침내 티베리우스가 만든 법을 통과시키기 위한 회의가 벌어지는 날이었어. 회의장의 문이 닫히자 귀족들이 일제히 티베리우스를 공격하기 시작했지. 모두가 한꺼번에 티베리우스를 향해 덤빈 거야.

아버지를 빼닮아 누구보다 전투에 능하고 용감한 티베리우스였지만 여럿의 공격을 당해 내긴 어려웠어. 결국 티베리우스는 귀족들이 휘두른 몽둥이에 머리를 맞아 죽음을 맞이했단다.

귀족들은 티베리우스의 시체를 강에 갖다 버렸어.

"티베리우스와 관련 있는 사람들을 이 나라에서 내쫓아 버려!"

"그의 가족들도 모두 내쫓자!"

로마의 병사들이 티베리우스 동생의 집까지 쳐들어왔어. 그 모습을 본 동생 가이우스 그라쿠스는 벽장 속에 숨어서 꼼짝도 하지 못했지.

'형, 미안해……. 나는 형처럼 용기가 없는 것 같아.'

형인 티베리우스는 아버지를 쏙 빼닮아 운동을 좋아하고 몹시 활발한 청년이었어. 하지만 가이우스는 어머니를 닮아서인지 운동하는 것보다는 책 읽는 걸 더 좋아하고 조용한 편이었지. 그런 가이우스는 형처럼 용감하게 병사들과 맞서 싸울 자신이 없었던 거야.

"가이우스, 당장 이 나라를 떠나라!"

귀족들이 가이우스를 향해 윽박질렀어. 가이우스는 제발 이 나라에서 살 수 있게 해 달라며 싹싹 빌었지.

"정말 너무하네. 가이우스를 이런 식으로 추방한다는 건 말이 안 돼요."

"맞아요, 그의 외할아버지인 스키피오 장군을 생각해서라도 한 번은 용서해 줍시다."

귀족들 사이에서 가이우스를 동정하는 여론이 생겨나기 시작했어. 그러자 티베리우스를 죽인 귀족들은 머뭇거릴 수밖에 없었지.

"좋아, 하지만 쥐 죽은 듯 조용하게 살아야 할 거야. 괜히 형처럼 법을 만드느니 어쩌느니 하며 나섰다간 너 역시 큰코다치게 될 거라고."

"그, 그러겠습니다!"

가이우스는 고개를 숙이며 말했어.

그 뒤 가이우스는 집 안에 틀어박혀서 나오지 않았어. 사람들의 눈에 띌까 봐 산책조차 하지 않았지.

귀족들은 그런 가이우스를 비웃으며 손가락질했어.

"형이 억울하게 죽임을 당했는데도 말 한마디 못 하다니!"

"크크크, 겁쟁이가 무얼 할 수 있겠어!"

그렇게 귀족들의 머릿속에 가이우스 그라쿠스라는 이름은 점점 잊혀졌어.

그러던 어느 날의 일이란다. 가이우스 그라쿠스의 친구인 베티우스가 고발을 당하는 일이 벌어졌어. 베티우스는 형인 티베리우스가 죽은 뒤 가이우스를 돌봐 주던 고마운 사람이었지.

"가이우스, 난 억울해! 진실을 아무도 몰라주다니!"

베티우스는 스스로의 힘으로 무죄를 밝혀야만 했어. 아니면 감옥에 갈 수도 있는 상황이었거든.

"재판이 언제라고?"

"내일 낮 열두 시라네. 나 혼자 재판장에 가서 제대로 말을 할 수 있을까? 생각만 해도 가슴이 떨리고 말이 더듬어져."

"음······."

가이우스는 잠자코 고개를 숙였지.

이튿날 재판장에서 베티우스의 재판이 시작됐어. 심판관이 베티우스를 향해 가운데에 서라고 명령했지.

"베티우스, 당신의 잘못을 인정하는가?"

재판관이 엄격한 목소리로 물었어.

"저, 저는······ 자, 잘못하지 않았지만······. 그, 그러니까, 그게!"

 재판을 지켜보던 사람들은 웃음을 터트렸어. 떨리는 목소리로 눈물을 글썽이는 베티우스의 모습이 한심하고 초라해 보였던 거야.

 바로 그때 재판장의 문이 열리더니 가이우스가 나타났어. 가이우스는 천천히 사람들을 향해 정확하게 말했지.

 "베티우스는 잘못이 없습니다."

 "당신은 누군가?"

 "저는 가이우스 그라쿠스입니다."

 "자네는 죽은 티베리우스의 동생이 아닌가! 설마 형의 뒤를 이어 정치를 하려는 건 아니겠지?"

 귀족들이 가이우스를 비웃었어. 하지만 가이우스는 조금도 동요하지 않았어. 가이우스는 낮고 침착한 목소리로 사람들을 향해 베티우스의 무죄를 설명했지. 사람들은 점점 가이우스의 말에 빨려 들어가는 듯했단다. 그리고 가이우스의 동작 하나하나에 넋을 잃은 듯 집중하게 되었어.

 "여러분, 제 말이 틀립니까? 이래도 베티우스에게 죄가 있습니까?"

 가이우스가 사람들을 향해 물었어.

 "아니, 베티우스는 무죄다!"

"베티우스를 당장 석방해라!"

재판장의 방청석에서 이런 소리가 터져 나오기 시작했지. 사람들은 일제히 가이우스의 말에 동의하고 있었던 거야.

"가이우스!"

베티우스가 가이우스를 끌어안으며 눈물을 흘렸어. 이게 대체 어떻게 된 일이냐고?

형인 티베리우스가 죽은 뒤 가이우스는 집 안에만 틀어박혀 있었지. 하지만 두 손 놓고 있었던 건 아니었어. 가이우스는 날마다 책을 읽고 생각을 가다듬었지. 어떻게 하면 사람들에게 형의 죽음이 억울하다는 걸 알릴 수 있을지 고민하고 또 고민했어.

그러다 보니 어느새 가이우스의 말엔 품격이 생겼고, 표정엔 힘이 생기기 시작했지. 물론 가이우스가 타고난 정치인의 기질이 있었던 것도 사실이고.

가이우스는 사람들의 응원에 힘입어 정치를 하기 시작했어. 그러자 티베리우스를 죽인 귀족들은 걱정이 밀려왔지.

"혹시 저 녀석이 우리에게 원한이라도 품고 있으면 어떡하지?"

"당연히 우리에게 복수하려 하겠지?"

"가이우스가 우릴 공격하기 전에 먼저 공격해야 해!"

 귀족들은 모였다 하면 가이우스를 어떻게 없앨 것인가를 고민했어. 한편 가이우스는 평민들의 뜻을 한데 모아 형이 이루지 못한 개혁을 이루려고 애쓰고 있었지.
 "가이우스, 재판이 있던 날 어째서 나를 도와준 건가?"
 친구인 베티우스가 고개를 갸웃하며 물었어.
 "사실 나는 그날 재판장에 나갈 엄두를 내지 못하고 있었어."
 "그런데?"
 "꿈에서 형이 나타났지 뭐야. 형이 나를 향해 '가이우스! 왜 그러고 있느냐? 피하려고 해서는 안 된다. 너와 나는 똑같은 일

생을 살아가도록 이미 정해져 있다.'라고 말했어."

가이우스는 평민들을 위해 목숨을 바치는 것이 바로 자신의 운명이라고 생각했던 거야. 그 말을 들은 베티우스는 깊이 고개를 끄덕였지.

"우선 개혁을 하려면 힘이 필요해. 베티우스, 난 호민관 선거에 나가겠어!"

가이우스는 호민관을 뽑는 선거에 출마했어. 당연히 귀족들은 반대했지. 하지만 평민들은 누구든 가이우스를 믿고 응원했어. 덕분에 가이우스는 호민관이 될 수 있었단다.

"이제부터 개혁을 시작하는 거야!"

가이우스는 가난한 사람들을 위한 법을 만드는 데 앞장섰어. 또 나이 어린 소년들이 군대로 끌려가지 못하게 하는 법도 만들었지. 가난한 사람들이 병사로 징집되는 경우에는 나라에서 군복을 마련해 주는 법도 만들었고, 가난한 사람들을 위해 곡식값을 함부로 올리지 못하게 하는 법도 만들었어.

"가이우스 만세!"

"가이우스가 우리의 희망이다!"

가이우스의 인기는 나날이 커졌어. 그 모습을 본 귀족들은 두려워 견딜 수가 없었지. 가이우스가 그 힘을 이용해 자신들에게 복수를 할까 봐 겁이 났던 거야.

"저 녀석이 형의 복수를 하기 전에 우리가 먼저 없애야 합니다!"

"하지만 가이우스의 치솟은 인기를 어떻게 꺼트리겠소?"

"누명을 씌워서라도 가이우스의 인기를 없애야 해요!"

귀족들은 가이우스와 경쟁하다 호민관이 되지 못한 루브리우스를 꼬드겼어.

"루브리우스, 가이우스만 없었어도 너는 위대한 정치인이 되었을 거야."

"그래, 우리가 널 밀어줄게. 가이우스의 약점을 찾아 와! 그럼 네가 호민관이 되는 건 시간문제라고!"

루브리우스는 두 눈을 부릅뜨고 가이우스의 단점을 찾으려 했어. 하지만 가이우스에겐 약점 삼을 만한 단점이 없었지.

"에잇, 그렇다면 그가 반란을 일으키려 했다는 소문을 거짓으로 내면 되지!"

루브리우스는 가이우스와 가까운 친구인 풀비우스가 반란을 일으키려 한다고 헛소문을 냈어. 하지만 곧 사실이 아니라는 게 밝혀지고 말았지.

"차라리 투표 결과를 바꿔 버립시다!"

"이번에도 가이우스가 호민관이 되는 걸 두고 볼 순 없어요!"

가이우스는 세 번째로 호민관 선거에 출마했어. 이번에도 당연히 가이우스는 평민들에게서 큰 표를 얻었지. 하지만 귀족들은 억지를 써서 그 표를 무효로 만들었어.

"가이우스가 표를 조작했다는 소문이 나돌고 있어요!"

"가이우스의 표는 인정할 수 없어요!"

가이우스는 모함이라는 걸 알고 있었지만 자신의 결백을 증명할 수가 없었어. 귀족들은 물론 다른 호민관들도 자신을 눈엣가시처럼 여겼기 때문이지.

결국 가이우스는 눈물을 머금고 디아나 신전으로 들어갔어. 그리고 신에게 무릎 꿇고 이렇게 외쳤지.

"신이시여, 제가 로마를 위해 애쓴 게 잘못입니까?"

억울함을 참지 못한 가이우스는 신전에서 칼을 빼들고 스스로 죽음을 선택했어. 뒤늦게 이 사실을 알게 된 시민들은 울음을 터트렸지. 하지만 이미 가이우스는 죽고 없었어.

"이제 로마의 미래가 사라졌구나!"

"아, 찬란한 로마의 오늘은 저물 것이다!"

사람들은 이렇게 말하며 탄식했단다.

재미있게 이해하기!

📖 호민관이 무엇일까?

호민관은 투표로 뽑아. 귀족과 평민들 모두에게 투표를 할 수 있는 권한이 주어지지. 호민관이 되면 1년 동안 평민들을 위해 여러 가지 법을 만들 수 있고, 원로원이 결정한 일에도 반대할 수 있는 힘이 주어져. 최초로 호민관이 되어 사회를 개혁하려 했던 인물이 바로 그라쿠스 형제였단다.

📖 카르타고는 어떤 나라였을까?

카르타고는 지중해를 사이에 두고 로마와 마주하고 있던 나라였어. 지금

의 북아프리카 지역이 카르타고 일대였단다. 카르타고는 기원전 146년 제3차 포에니 전쟁에 패배하여 로마에 속하게 되었지. 하지만 로마가 힘을 키우기 전까지만 하더라도 카르타고는 지중해에서 가장 강한 나라였어. 게다가 지중해를 중심으로 무역이 활발하게 이뤄진 덕분에 귀족들은 아주 많은 재산을 모을 수 있었단다.

포에니 전쟁이 어떤 전쟁이었나?

맨 처음 포에니 전쟁이 일어난 건 기원전 264년의 일이야. 힘이 점점 강

해진 로마는 카르타고가 지닌 지중해의 상권이 탐이 났어. 지중해의 무역권을 대부분 카르타고가 쥐고 있었거든. 시칠리아 등의 나라로 무역의 범위를 넓히고 싶었던 로마는 카르타고를 공격했어. 무려 23년 동안 계속된 제1차 포에니 전쟁은 로마군의 승리로 끝이 났어.

제2차 포에니 전쟁은 누구의 승리였을까?

제2차 포에니 전쟁은 로마군의 참패였어. 카르타고의 한니발 장군이 코끼리를 말처럼 타고서 지금의 이탈리아 땅까지 쳐들어갔던 거야. 코끼리들은 무지막지한 발로 병사들을 짓뭉개 버렸어. 결국 로마군은 크게 패하고 말았지. 그나마 전쟁이 로마의 완전한 패배로 끝나지 않을 수 있었던 것은 그라쿠스 형제의 외할아버지인 스키피오 아프리카누스 장군 덕분이었어. 스키피오 장군이 이끄는 부대가 카르타고를 간신히 이긴 덕분에 두 나라는 16년 동안의 전쟁을 멈추고 휴전하게 되었지.

제3차 포에니 전쟁은 어떻게 끝났을까?

제3차 포에니 전쟁은 기원전 149년에서 146년 사이에 일어났어. 스키피오 장군은 더 이상 무모한 전쟁을 하면 안 된다고 주장했어. 하지만 그를 반대했던 정치인들은 카르타고를 무찌르지 않으면 안 된다고 우겼지. 결국 전쟁이 또 벌어졌어. 계속된 전쟁으로 기력이 쇠한 카르타고는 전쟁에서 패하고 말았어. 덕분에 로마는 카르타고가 차지하고 있던 수많은 금과 은, 구리, 철광석과 코끼리 떼 등을 가져올 수 있었단다.

이 시대의 진정한 영웅을 기다리며

초등학교 때 방학 숙제로 《플루타르코스 영웅전》을 읽었던 기억이 납니다. 그때는 세계의 역사를 몰랐던 데다가 등장인물들의 이름이 길고 복잡한 탓에 책 한 권을 앞으로 거슬러 갔다, 보던 자리로 되돌아오기를 반복하면서 참으로 힘겹게 읽었어요. 그런데 그때 읽었던 기억들이 평생 머릿속에 남아 서양의 역사를 이해하는 데 도움을 주었지요. 서양의 영웅들은 초등학생인 내게 상상할 수 없는 엄청나게 큰 세계를 보여 주었거든요.

플루타르코스는 2000여 년 전 살았던 고대 그리스의 전기 작가입니다. 《플루타르코스 영웅전》이라고 하면, 플루타르코스라는 작가가 고대에 활약한 영웅호걸들의 이야기를 정리한 것이라 생각하면 됩니다. 이 책은 2000여 년 동안 워낙 유명해서, 아직까지 전 세계에 널리 읽히고 있지요. 우리나라에서도 지난 10년간 독자들이 가장 사랑한 서양 고전 중 한 권으로 꼽힐 정도예요.

"영웅이란 어떤 사람일까요?"

"자기의 삶을 자기보다 큰 것에 바친 사람이지요."

신화학자인 조지프 캠벨은 이렇게 대답했다고 합니다.

영웅을 가리키는 말은 영어로 히어로(hero)라고 하는데, 이 말은 그리스어 헤로스(heros)에서 왔습니다. 헤로스는 신인(神人)을 뜻하지요. 신인이란, 인간의 모습을 한 신 같은 존재예요. 인간의 한계를 뛰어넘은 존재라는 뜻이지요.

《플루타르코스 영웅전》에는 그리스·로마의 영웅 50명의 생애가 담겨 있어요. 인물들의 삶뿐만 아니라 고대 그리스·로마의 역사, 문화, 지리 등도 총집합해 놓아서 서양의 역사를 이해하려면 꼭 읽어 봐야 할 책입니다. 그래서 이 책을 일컬어 서양 문화 예술의 원형이라고 부르기도 합니다. 셰익스피어를 비롯해 많은 작가들이 《플루타르코스 영웅전》을 바탕으로 글을 썼지요.

《플루타르코스가 들려주는 그리스·로마 영웅》에는 원전 《플루타르코스 영웅전》의 영웅 50명 가운데 여섯 명을 꼽았습니다. 그리스와 로마 초기, 나라의 입지를 다진 테세우스와 로물루스, 나라를 성대하게 이끈 알렉산드로스와 카이사르, 전성기의 나라를 오래 유지할 수 있도록 지켜 내고 개혁한 페리클레스와 그라쿠스 형제이지요. 원전과 마찬가지로 이 책에는 영웅들의 훌륭한 점만 나오는 게 아니에요. 영웅들도 치명적인 약점들이 있고, 이겨 내기 어려운 환경을 갖고 있다는 걸 보여 주지요. 예를 들어 테세우스는 위대한 영웅이지만 아버지 없이 어머니 밑에서 자랐지요. 로마를 개혁하고자 했던 용감한 형제 그라쿠스 형제 또한 마찬가지예요. 크든 작든 고난이나 약점을 이겨 내지 않으면 영웅이 될 수 없다는 것을 플루타르코스는 보여 줍니다.

이 책을 읽으면 우리 시대의 진정한 영웅은 어떤 사람인지를 생각하게 될 것입니다. 영웅의 길, 리더의 길은 멀고도 험합니다. 다른 사람이 가지 않았던 길을 앞장서서 걸어야 하니까요. 가시밭길이라도 중도에서 포기하면 안 돼요. 끝까지 해낸다면 누구라도 영웅으로, 리더로 인정하고 따를 것입니다.

이 책에 나오는 영웅들의 공통점이라면, 실패를 두려워하지 않는다는 것입니다. 실패를 하고 있더라도 희망은 있는 것이죠. 계속 도전하고 있다면 실패한 만큼 성공에 더 가까워집니다. 영웅들은 말합니다. 성공하려면 실패를 많이 해 봐야 한다고, 실패를 통해 배운다고요.

《플루타르코스가 들려주는 그리스·로마 영웅》의 영웅들은 스스로 목표를 세우고, 그 목표를 향해 다른 사람들을 이끌고 나아갔습니다. 그들은 정신과 육체의 인내심이 매우 강했습니다. 어떤 어려움이 닥치더라도 이겨 낼 수 있는 의지를 가졌습니다. 영웅이 되려면, 이 시대의 진정한 리더가 되려면 자신을 단련시켜 강해져야 합니다. 그래야 다른 사람들에게 믿음을 줄 수 있습니다. 말만 앞서는 사람은 절대로 리더가 될 수 없다는 것을 수천 년 전의 영웅들은 가르쳐 줍니다. 결단력을 갖고 생각을 행동으로 옮긴다면 많은 사람들이 믿고 따르리라는 것도 말입니다.

엮은이 서지원

열다 지식을 열면, 지혜가 열립니다. 나만의 책을, 열다.

플루타르코스가 들려주는
그리스·로마 영웅

초판 1쇄 발행 2020년 04월 20일
초판 2쇄 발행 2023년 09월 20일

지음 플루타르코스 | 엮음 서지원 | 그림 박정인

ⓒ 서지원, 박정인 2020

ISBN 979-11-90267-91-5 (73890)

* 책값은 뒤표지에 있습니다.
* 잘못 만들어진 책은 구입하신 곳에서 바꾸어 드립니다.

발행처 주식회사 스푼북 | **발행인** 박상희 | **총괄** 김남원
편집 길유진·김선영·박선정·김선혜·권새미 | **디자인** 조혜진·정진희 | **마케팅** 구혜지
출판신고 2016년 11월 15일 제2017-000267호
주소 (03993) 서울시 마포구 월드컵북로 6길 88-7 ky21빌딩 2층
전화 02-6357-0050(편집) 02-6357-0051(마케팅)
팩스 02-6357-0052 | **전자우편** book@spoonbook.co.kr

열다는 스푼북의 어린이책 브랜드입니다.

제품명 플루타르코스가 들려주는 그리스·로마 영웅	
제조자명 주식회사 스푼북 | **제조국명** 대한민국 | **전화번호** 02-6357-0050	⚠ **주 의**
주소 (03993) 서울시 마포구 월드컵북로6길 88-7 ky21빌딩 2층	아이들이 모서리에 다치지
제조년월 2023년 09월 20일 | **사용연령** 12세 이상	않게 주의하세요.
※ KC마크는 이 제품이 공통안전기준에 적합하였음을 의미합니다.	